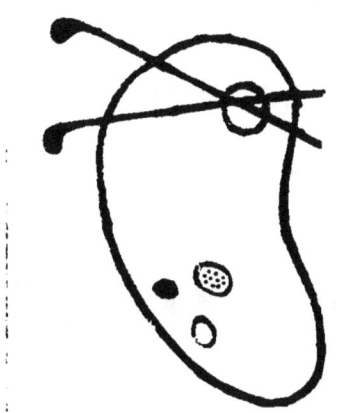

Début d'une série de documents en couleur

Couverture inférieure manquante

UN CURÉ LORRAIN AU XVIII° SIÈCLE

Jean-François COUQUOT

CURÉ DE MARON

1747-1774

PAR

Paul FOURNIER

(Extrait des *Mémoires de l'Académie de Stanislas*, 1903-1904.)

NANCY
IMPRIMERIE BERGER-LEVRAULT ET Cie
18, RUE DES GLACIS, 18

1904

Fin d'une série de documents
en couleur

UN CURÉ LORRAIN AU XVIIIᵉ SIÈCLE

Jean-François COUQUOT

CURÉ DE MARON

1747-1774

PAR

Paul FOURNIER

(Extrait des *Mémoires de l'Académie de Stanislas*, 1903-1904.)

NANCY

IMPRIMERIE BERGER-LEVRAULT ET Cⁱᵉ

18, RUE DES GLACIS, 18

1904

UN CURÉ LORRAIN AU XVIIIᵉ SIÈCLE

Jean-François COUQUOT

CURÉ DE MARON

1747-1774

Le village de Maron, jeté sur la rive droite de la Moselle, à trois lieues en amont de Toul, ne se recommande pas seulement par son vignoble, bien connu dans la région voisine; il possède des archives qui ne sont pas à dédaigner, d'autant mieux qu'elles sont confiées à la garde d'un instituteur très obligeant[1]. Grâce à sa complaisance, il m'a été possible de parcourir à loisir les documents antérieurs à la Révolution qui y sont conservés. Au cours de mes recherches, il m'arriva de remarquer à diverses reprises de longues notes, d'une écriture ferme et serrée, traitant des graves questions que soulèvent le gouvernement des âmes et l'administration des paroisses. Dans ces notes,

---

[1]. M. E. Jérôme, secrétaire de la mairie.

où l'auteur expose, en une langue à laquelle ne manquent ni la vigueur, ni le piquant, des vues parfois originales, toujours inspirées par une conviction profonde, je n'eus pas de peine à reconnaître l'œuvre d'un curé de Maron, qui se nommait Jean-François Couquot[1]. Ce personnage, issu d'une famille de drapiers établis à Saint-Nicolas-du-Port, où il naquit le 13 mai 1712, fut ordonné prêtre en 1736. D'abord curé de la paroisse d'Écrouves, aux environs de Toul, il obtint, en 1747, la cure de Maron, à la suite d'un concours ouvert conformément aux prescriptions du concile de Trente[2]. Il y demeura jusqu'en 1774 : alors il se retira à Nancy, où, en 1789, il remplissait les fonctions de chapelain[3]. Il fut témoin des débuts de

1. Il était le quatrième et dernier enfant de Claude Couquot, drapier, et de Jeanne Pelletier.
Il est quelquefois appelé Couquote dans les pièces de procédure relatives au procès jugé par la Cour souveraine en 1748 (voir ci-dessous, p. 38). Ensuite il est invariablement désigné sous le nom de Couquot. — Les renseignements donnés ci-dessus sur sa biographie sont tirés de la *Notice sur les prêtres lorrains* de CHARLOT, tome I, et des écrits de CHATRIAN, *Notice alphabétique du diocèse de Toul*, tome I, et *Pouillé du diocèse de Nancy* rédigé en 1779. Tous ces écrits sont conservés parmi les manuscrits de la bibliothèque du grand séminaire de Nancy.

2. La cure de Maron était donnée au concours, suivant les préceptes du droit, quand la vacance s'était produite dans un des mois dits du pape, janvier, février, avril, mai, juillet, août, octobre, novembre. Si la vacance se produisait en dehors de ces mois, la nomination appartenait à l'abbé de Saint-Vincent, de Metz, patron de la paroisse de Challigny et aussi de la paroisse de Maron, démembrée de Challigny. — Le curé Dumont, prédécesseur de Couquot, était mort le 4 avril 1747. Couquot arriva dans sa paroisse entre le 10 et le 26 juillet.

3. Abbé L. JÉRÔME : *Les Élections et les cahiers du clergé lorrain aux États généraux de 1789*, p. 169. Couquot vota par procuration lors des élections du premier degré.

la Révolution ; réfractaire à la constitution civile du clergé, il tenta d'user des relations qu'il avait conservées avec quelques-uns de ses anciens paroissiens pour combattre l'influence de son successeur, Jean-Claude Hussenot[1], qui avait prêté le serment et devint plus tard l'un des vicaires épiscopaux du prélat constitutionnel. Je ne saurais dire quel fut le résultat des démarches de Couquot ; ce qui est certain, c'est qu'il ne vit pas la fin de la tourmente, étant mort le 14 octobre 1793, dans sa quatre-vingt-deuxième année.

Les notes, rédigées par Couquot pour l'information de ses successeurs, n'ont pas été écrites d'un seul trait. Lorsqu'à la fin d'une année, Couquot disposait de quelques pages demeurées blanches sur l'exemplaire du registre paroissial qu'il devait conserver, il ne résistait pas à la tentation de les couvrir de sa prose ; c'est ainsi que ses observations furent consignées à

---

[1]. Jean-Claude Hussenot, issu d'une famille de Maron (son père s'appelait Claude Hussenot et sa mère Catherine Trotot), entra dans la Compagnie de Jésus vers 1757. Il était régent de seconde au collège de Dijon en 1760 ; il sortit de la Compagnie en septembre 1762, quelques semaines après l'arrêt du Parlement de Paris du 6 août qui supprimait les Jésuites. Le 23 septembre 1762, il vint à Maron pour être le parrain d'un jeune frère ; il s'intitule dans l'acte de baptême « maître ès arts de l'Université de Strasbourg ». En janvier 1765, il était au grand séminaire de Toul ; le 14 avril, il célébrait solennellement sa première messe dans l'église paroissiale de Maron, « à laquelle ont assisté un grand nombre de personnes respectables qui y ont été invitées », dit le registre paroissial rédigé par Couquot. Il fut vicaire commensal de Neuviller ; en 1774, il devint curé de Maron. Il prêta le serment exigé par la constitution civile et quitta Maron pour devenir vicaire épiscopal ; après le Concordat, il retrouva sa cure de Maron où il finit ses jours. « Prêtre assez bon », dit de Hussenot le Pouillé de 1778 (Bibliothèque du grand séminaire de Nancy, ms. n° 201).

des époques variées sur divers registres. Il a paru à quelques bons juges que ces observations étaient suffisamment remarquables par leur saveur et jetaient une lumière assez vive sur les dispositions d'une portion du clergé inférieur, dans la seconde moitié du xvIII^e siècle, pour qu'au moins les parties principales en fussent publiées[1]. Avant de les présenter au lecteur, je lui demande la permission de lui faire connaître en bref les principales des questions qui passionnèrent le curé de Maron.

I

Sur l'organisation de l'Église, Couquot ne cache pas son idée maîtresse, qui est celle de beaucoup de ses contemporains. Pour lui, la hiérarchie, telle qu'elle a été constituée par Jésus-Christ lui-même, se compose essentiellement de trois membres: le pape, les évêques et les curés. Sans doute il reconnaît que les évêques sont subordonnés au pape et les curés aux évêques, tout en ajoutant que les uns et les autres sont soumis « aux saints canons », dont les gallicans aiment à évoquer le spectre indécis, au risque d'arrêter tout mouvement et d'empêcher tout progrès dans l'Église. Mais il n'en est pas moins vrai qu'aux yeux de Cou-

---

1. Je tiens à adresser ici l'expression de ma vive gratitude à M. Charles Guyot, directeur de l'École nationale des eaux et forêts, et à M. l'abbé Jérôme, professeur au grand séminaire de Nancy, dont l'extrême obligeance m'a été d'un grand secours.

M. l'abbé Piermay, curé d'Écrouves, a bien voulu, sur la demande de M. l'abbé L. Jérôme, examiner les registres de sa paroisse pour voir s'il trouvait quelque trace du passage de Couquot. Il n'en a trouvé aucune.

quot, les curés n'apparaissent pas, tels que les montre l'histoire, comme des coadjuteurs que l'évêque s'est choisis dans l'ordre des prêtres et dont, à une époque assez tardive, la mission a été érigée en titre d'office ; ils sont au contraire établis par Dieu, comme pasteurs de leurs troupeaux, ayant des droits indépendants des évêques, droits qu'ils ont reçus, « les uns de Dieu, les autres de l'Église et des souverains »[1]. Il en résulte que « l'ordonnance d'un évêque, contraire aux saints canons ou attentatoire à ces droits des curés, est nulle et abusive ; qu'un curé peut et doit s'y opposer et lui résister ». Ainsi le curé aura vis-à-vis de l'évêque une situation aussi forte que celle de l'évêque vis-à-vis du pape, ce qui est la conséquence rigoureuse du principe posé par Couquot.

---

1. Sur cette doctrine, voir les renseignements bibliographiques donnés par M. DE SCHERER, *Handbuch des Kirchenrechtes*, I, p. 630, note 11, et par HERGENRÖTHER, *Histoire de l'Église*, III, 517. Voyez, à l'encontre de cette doctrine, la bulle de Pie VI, *Auctorem fidei*, condamnant le synode de Pistoie (propos. 9 et 10). La théorie du droit divin des curés est réfutée amplement par BOUIX, *Tractatus de parocho*, 2ᵉ édit., p. 42 et s.

Les partisans de cette théorie faisaient des curés les successeurs des soixante-douze disciples. Cette idée se trouve indiquée dans les *Fausses Décrétales* (éd. Hinschius, p. 79, 82, 512), dans les statuts d'Hincmar (*Patrol. lat.*, cxxv, col. 775), et aussi au début d'un sermon synodal qui remonte à une haute antiquité ; par bien des traits, il rappelle l'époque carolingienne (Cf. DOM GERMAIN MORIN, *Revue bénédictine*, IX, p. 89 et s. ; voir aussi *Un groupe de recueils canoniques inédits du xᵉ siècle*, dans les *Annales de l'Université de Grenoble*, XI, p. 60). L'idée a été reprise par GERSON, au chapitre *De Statu curatorum* de son traité *De Statibus ecclesiasticis*; elle a passé dans les écrits de tous les auteurs partisans du droit divin des curés. Cf. HINSCHIUS, *Kirchenrecht*, II, p. 294, note 3. — Il est intéressant de constater que la doctrine si chère aux jansénistes est aujourd'hui tombée dans un profond discrédit.

Il est facile de découvrir entre les lignes, dans les écrits du curé de Maron, les raisons qui ont contribué à propager cette doctrine. A plusieurs reprises Couquot insiste sur l'opulence des évêques; il critique l'ambition de quelques-uns d'entre eux, qui ne négligeaient aucun moyen de faire sentir au clergé inférieur sa dépendance; il aime à répéter que les curés ne méritent pas le « mépris », et ajoute que les évêques qui méprisent les curés n'ont pas l'esprit de leur état. En somme, l'énorme différence qu'il constate entre la condition des évêques d'ancien régime et celle des curés lui porte ombrage, parce que, à son avis, cette différence ne vient que de la vanité des hommes, de l'opulence des uns et de la pauvreté des autres[1] : c'est pourquoi il est naturellement enclin à accepter les doctrines et les faits qui tendent à l'effacer. Remarquez d'ailleurs que l'esprit ombrageux de Couquot ne s'en prend pas seulement aux évêques. Il en veut aux chanoines, qui, dit-il, n'ont pas de place dans la hiérarchie constituée de droit divin, et qui n'ont grandi qu'au détriment des curés qu'ils ont dépouillés d'une partie de leurs revenus; il est fort mal disposé à l'endroit des moines, comblés par les papes de privilèges qu'il estime excessifs, d'autant mieux qu'à son avis les curés sont autant au-dessus des moines que les moines au-dessus des simples laïques.

Pour que les curés puissent conserver ou recouvrer leur dignité, Couquot leur donne tout d'abord le con-

---

[1]. Pour s'en rendre compte, voir un chapitre du livre de M. l'abbé Sicard, *L'Ancien clergé de France*, I, *Les Évêques*, p. 305 et s.

seil de s'instruire de leurs droits. « Quand un curé est instruit, personne ne l'attaque, et les choses restent dans l'ordre. » Aussi leur recommande-t-il à deux reprises le *Traité de l'abus*, de Fevret, ouvrage dont on a pu dire qu'il était inspiré par le gallicanisme le plus étroit[1]; il y joint les *Lois ecclésiastiques* de de Héricourt, l'*Histoire de l'Église* et l'*Institution au droit ecclésiastique* de Fleury et aussi l'ouvrage de Thomassin sur l'*Ancienne et la nouvelle discipline de l'Église*. Que si les adversaires des curés ne se rendent pas tout de suite aux arguments puisés dans ces livres ou dans des ouvrages analogues, ce n'est pas près des évêques que les curés auront chance de faire reconnaître leurs droits. La jurisprudence des parlements, auxquels les curés ont « de grandes obligations », les vengera de tant d'entreprises et de tant d'abus dirigés contre eux. Quand il s'agit d'entraver l'action des évêques et du pape, Couquot compte surtout sur les décisions des magistrats séculiers.

Telles sont les idées fondamentales du curé de Maron en matière d'organisation ecclésiastique. Remarquez qu'il y est attaché comme à parole d'Évangile : ceux qui mettent en doute le droit divin des curés sont pour lui des adulateurs et des demi-théologiens. Aussi s'indigne-t-il de ce qu'un lazariste ait osé enseigner une doctrine contraire aux élèves du séminaire de Toul. Il n'admet pas d'ailleurs qu'on soit tiède sur ce point : c'est ainsi qu'il n'hésite pas à gourmander

---

1. ADOLPHE TARDIF. *Histoire des sources du droit canonique*, p. 356. Sur les autres ouvrages cités au texte, voir ci-dessous, p. 78 et s.

Collet[1] « ce mince théologien pour lequel on a ôté dans ce même séminaire le savant et solide Habert[2] », parce qu'il se contente de dire que c'est le sentiment de la Sorbonne que les curés sont de droit divin, « comme si c'était là une matière problématique ». Des convictions aussi profondément enracinées ne pouvaient manquer d'exercer une influence sensible sur la conduite de Couquot : essayons maintenant de découvrir les traces de cette influence.

II

Une règle à laquelle Couquot est fort attaché est celle d'après laquelle tous les curés sont inamovibles. Sans doute, cette règle n'est nullement un produit de la doctrine qui attribue aux curés une institution divine. En effet, l'Église a admis l'inamovibilité des curés comme une conséquence des principes sur lesquels est fondée la théorie générale des bénéfices ; il est à peine besoin de dire que le droit divin des curés n'a rien de commun avec cette théorie. Toutefois, la règle de l'inamovibilité, si elle a trouvé des défenseurs convaincus, a parfois été l'objet de critiques plus ou

---

1. COLLET était un lazariste, par conséquent un confrère des professeurs du grand séminaire de Toul ; il publia des *Institutiones theologicæ* à l'usage des séminaires (Paris, 1744, 7 vol. in-12). Les décisions qui substituèrent Collet à Habert excitèrent la très vive colère des Jansénistes. Cf. SICARD, *L'Ancien clergé de France*, I, *Les Évêques avant la Révolution*, p. 402 et s.

2. HABERT, *Theologia dogmatica et moralia*. (La première édition, en sept volumes, parut en 1717.) C'était un auteur fort apprécié des Jansénistes.

moins fondées : or, qui ne voit qu'elle serait assise sur une base inébranlable s'il était possible de l'établir sur le droit divin des curés? Couquot n'a pas d'hésitation sur ce point. « Si les curés ne sont pas de droit divin », écrit-il sans tenir compte des notions les plus connues du droit canonique, « ils ne sont que des vicaires dépendant des évêques », par suite susceptibles d'être destitués dès qu'ils viendront à déplaire. Or, que certains évêques puissent avoir la prétention de réduire les curés à cette condition, ce n'est pas une chimère, au dire du curé de Maron; il ajoute que la proposition en fut faite à Louis XIV.

Là-dessus Couquot est particulièrement ombrageux. On sait qu'en 1760, Drouas, évêque de Toul, avait formé le dessein d'instituer une maison de retraite pour les prêtres âgés, infirmes ou vicieux, dans un domaine nommé Vachevigne, sis près de Toul, au faubourg Saint-Mansuy. Pour des motifs où l'intérêt personnel tenait une grande place, un certain nombre de prêtres du diocèse fomentèrent contre ce projet une très vive opposition[1]. Quoiqu'il semble désinté-

---

1. Il paraît que la maison de Vachevigne devait être dotée du produit d'un certain nombre de bénéfices supprimés, ce qui mécontentait fort les candidats aux bénéfices. (Cf. abbé E. MARTIN, *Histoire du diocèse de Toul et des diocèses de Nancy et de Saint-Dié*, II, p. 585 et s.)

Un mémoire publié à cette occasion résume les objections des opposants. On y exprime la crainte que M. de Toul ne se rende maître du sort de tous les ecclésiastiques de son diocèse. On y attaque l'opulence de l'évêque (Bibliothèque de Nancy, ZZ, 20, 33; — Cf. *Catalogue du fonds lorrain*, par M. FAVIER, nos 7808 et 7809). Cette lutte à propos du projet de Vachevigne fut un des épisodes de l'opposition dirigée par une fraction importante du clergé du diocèse de Toul contre l'administration de

ressé en cette question, Couquot n'hésite pas à épouser les griefs des opposants : on en trouve la preuve dans ses notes. L'imagination du curé de Maron lui montrait en effet dans la maison de Vachevigne une « renfermerie », comme on disait alors, où l'évêque pourrait incarcérer et détenir, sans aucune garantie judiciaire, les curés qui lui déplairaient. Ce n'était peut-être pas la destitution arbitraire, mais c'était la Bastille en permanence. Il arriva que ces critiques passionnées firent échouer l'utile projet qu'avait formé l'évêque de Toul.

Les appréhensions de Couquot étaient-elles absolument dépourvues de fondement, je n'oserais m'en porter fort. Sans doute, la haute vertu de l'évêque était le meilleur garant de la droiture de ses intentions. Mais, à cette époque, il arriva plus d'une fois que « des prêtres scandaleux, suspects, ou seulement gênants, furent enfermés dans quelque couvent sans autre formalité qu'une lettre de cachet obtenue par le crédit de l'intendant, sur la demande d'une famille ou sur celle de l'évêque[1] » ; la disgrâce du curé Lhermite, que La Galaizière, évêque de Saint-Dié, fit détenir sans jugement de 1780 à 1789, fut un exemple retentissant de ces procédés peu canoniques. Au surplus, un édit de Louis XVI, promulgué en 1784, étendit à la Lorraine les dispositions de l'édit de 1695, permettant aux

---

son évêque, Drouas ; sur cette opposition, on lira avec intérêt plusieurs chapitres du tome II de l'ouvrage précité de M. l'abbé E. MARTIN.

1. Abbé D. MATHIEU, *L'Ancien régime dans la province de Lorraine et Barrois*, p. 120 et s.

évêques, dans le cours de leurs visites, d'infliger, en dehors des formes de la poursuite criminelle, une détention de trois mois dans un séminaire aux curés qui, pour des causes graves, mériteraient une pareille punition[1]. Ces mesures étaient la rançon de l'inamovibilité des curés[2]. Ils étaient retirés dans leurs bénéfices comme dans une forteresse ; le cas échéant, les évêques entreprirent de les y forcer. Il en résulta, parmi les membres du clergé inférieur, un profond mécontentement, qui se fit sentir en 1789[3].

D'après une prescription formelle du rituel de Toul[4] l'évêque, au cours de la visite canonique, après s'être enquis, dans l'église, en présence du clergé et des fidèles, de la situation morale et matérielle de la paroisse, doit déclarer aux paroissiens qu'il est tenu de s'informer particulièrement de la conduite de leur pasteur. A ce moment, le curé « fait une profonde inclination à l'évêque et se retire chez lui ». L'évêque s'enquiert alors de ses mœurs et de la manière dont il s'acquitte de ses fonctions. Ce règlement excite l'indignation de Couquot ; il semble n'avoir pas d'épithètes assez fortes pour le qualifier. Il y voit d'ailleurs

---

1. *Ordonnances de Lorraine*, XV, p. 478.
2. A la place des curés inamovibles, le régime concordataire a mis dans la plupart des paroisses des desservants révocables ; c'était passer d'un excès à un excès opposé. Un régime moyen résulte des décisions des Congrégations romaines, d'après lesquelles les desservants de nos paroisses de France peuvent être déplacés, mais ne doivent pas être transférés à un poste inférieur sans un motif grave.
3. Abbé L. Jérôme, *op. cit.*, p. 103.
4. Édition de 1700, p. 621.

une usurpation de l'évêque, qui s'arroge une fonction qu'il n'a pas. En effet, le curé est pasteur immédiat de son troupeau ; à ce titre, il ne doit pas quitter ses ouailles, il est le témoin nécessaire de tout ce qui se passe dans son église. C'est ainsi qu'en vertu de la théorie du droit divin, les curés ont le devoir de refuser de se soumettre à de pareils « interrogats », qui sont indécents et avilissent l'autorité pastorale. Au besoin, ils s'adresseront aux tribunaux séculiers, qui ne manqueront pas de faire bonne justice de cet « article révoltant ».

Une autre prescription, qui se trouve dans les statuts synodaux, n'est pas moins antipathique au curé de Maron. Aux termes de ces statuts[1], les curés sont obligés de se confesser une fois l'an au doyen rural ou à un prêtre choisi par lui. Remarquez qu'en édictant cette règle, les statuts synodaux se font l'écho d'une longue tradition[2]. Ici encore, Couquot n'hésite pas à conseiller la résistance[3]. Il croit s'appuyer sur un argument irréfutable en invoquant un texte des *Décrétales* de Grégoire IX qui permet aux évêques, aux autres supérieurs ecclésiastiques et aussi aux

---

1. L'ordonnance synodale de 1729 rappelle aux curés l'obligation de se confesser une fois par an à l'évêque ou à son délégué (Statuts synodaux, n° 5815 du *Catalogue du fonds lorrain*, appendice, p. 36 ; MARTIN, *op. cit.*, II, p. 499). Les statuts de 1678 (ch. III, art. 2) leur ordonnaient de se confesser à Pâques à leur doyen ou au prêtre choisi par lui. Cet article fut répété dans l'édition de 1722.

2. De nombreux témoignages de cette tradition sont énoncés par HINSCHIUS, *Kirchenrecht*, IV, p. 113, note 1.

3. Il dit même que telle fut la résistance que l'évêque dut renoncer à insister sur l'exécution de la prescription des statuts.

minores prælati exempti de se choisir librement un confesseur[1] sans avoir à demander aucune permission à qui que ce soit. Malheureusement, ce texte ne se rapporte pas aux curés, qui, d'après l'interprétation traditionnelle, ne sont compris dans aucun des termes de l'énumération qui y est contenue. On l'entend des évêques et autres supérieurs qui ont la juridiction au for extérieur, ce qui n'est point le cas des curés. La science canonique de Couquot se trouve, ici encore, en défaut, ou plutôt il n'a pas su percer le voile épais de préjugés qui lui dérobait la vérité.

Il faut remarquer enfin que Couquot se montre intraitable sur la matière des fondations. On peut lui donner raison quand il conteste à l'évêque le droit de réduire au tarif fixé par les statuts diocésains les sommes volontairement données ou léguées pour des messes. Mais il n'en va pas de même quand le curé de Maron prétend que l'autorisation de l'évêque n'est pas nécessaire pour donner effet à une fondation perpétuelle de messes faite par un paroissien[2]. Il se trompe encore quand il dénie aux supérieurs ecclésiastiques

---

1. 16, *Décrétales*, V, 38.

2. Voir les textes en sens contraire dans Boulx, *De Episcopo*, 2ᵉ édit., II, p. 304. — Couquot eut à soutenir sa thèse devant les tribunaux. Nicolas Baguelot, décédé après 1755, avait légué à la paroisse de Maron un gagnage de dix paires situé à Sexey-aux-Forges (terre rendant annuellement dix réseaux de blé et dix d'avoine), à charge de vingt-quatre services par an. Couquot, sans solliciter aucune autorisation, avait accepté. Les héritiers demandèrent la nullité de cette fondation : l'un des moyens dont ils se servirent fut le défaut d'autorisation de l'évêque. Un arrêt de la Cour souveraine, du 8 août 1769, écarta leur demande, à laquelle l'évêché de Toul s'était montré favorable. Couquot fut très satisfait de ce succès.

le droit de modifier les fondations et d'en réduire les charges, pour le motif que ces changements constitueraient une usurpation sur les droits des fondateurs, des bénéficiers et des souverains. Le concile de Trente (sess. 25, c. 4) proclame sur ce dernier point les droits des évêques. Si plus tard Urbain VIII a innové en cette matière, ce n'est pas pour rendre aux curés l'indépendance dont ils étaient privés, mais pour réserver ces questions à l'autorité du Saint-Siège[1]. En somme, pour faire des curés de « petits évêques » établis sur l'institution divine, Couquot méconnaît les principes fondamentaux de l'organisation de l'Église et du droit canonique.

III

Il ne faut pas s'attendre à trouver le curé de Maron moins jaloux de ses droits vis-à-vis de ses paroissiens que vis-à-vis de son évêque. Visiblement, son idéal eût été de ne partager avec personne le soin de les confesser. A son avis, les fidèles ne sauraient solliciter de meilleurs conseils que ceux de leur curé. « Un chrétien bien instruit, écrit-il, et qui s'occupe de son salut, préférera toujours son pasteur au mercenaire. C'est par la confession, ajoute-t-il, qu'on peut faire du fruit, tandis qu'il ne se trouve que trop de confesseurs qui laissent les mauvaises habitudes, les crimes, les désordres se perpétuer. » On serait tenté de croire qu'en écrivant ces dernières lignes, Couquot pensait surtout aux con-

---

1. Textes dans Bouix, *De Episcopo*, II, p. 304. Ces questions sont du ressort de la congrégation du Concile.

fesseurs appartenant au clergé régulier, dont l'action provoqua à Nancy et ailleurs, vers la même époque, des réclamations très vives de la part des curés, appuyés en cela par leur évêque [1]. Cependant Couquot n'allait pas jusqu'à proscrire indistinctement tous les religieux. « Il y en a, écrit-il, de très sages et de très vertueux ; il y en a aussi qui sont de vrais ignorants, de vrais relâchés et sans religion. » C'est au curé qu'il appartient d'attirer dans sa paroisse les bons religieux et « d'en écarter les loups dangereux », c'est-à-dire les confesseurs trop faciles, qui se précipitent eux-mêmes et précipitent leurs pénitents dans une « damnation trop certaine ».

Par la tournure de son esprit, aussi bien que par son éducation, Couquot fut austère et rigoureux dans le gouvernement des âmes. C'est ainsi qu'il rendait extraordinairement pénible et fastidieuse la série des confessions qu'il imposait aux enfants avant la première communion, et qu'il se montrait difficile vis-à-vis des mourants, leur demandant une confession générale quand ils n'étaient pas de ceux qui se confessaient à leur curé [2]. Si d'ailleurs, en temps ordinaire, il n'écartait pas absolument les confesseurs étrangers, il se montrait moins débonnaire au temps pascal. Le canon du quatrième concile de Latran [3] qui impose aux fidèles

---

1. Abbé E. Martin, *op. cit.*, II, p. 570 et s. L'auteur expose en ces pages la lutte soutenue par la Cour souveraine contre Drouas, évêque de Toul, qui, en 1754, avait pris le parti des curés de Nancy dans leurs conflits avec les religieux.
2. Voir ci-dessous, p. 63 à 66.
3. Canon *Omnis utriusque sexus*, 12, *Décrétales*, V, 37.

la confession de Pâques, exige qu'ils fassent cette confession *proprio sacerdoti*, expression que Couquot, avec beaucoup d'auteurs, entendait du curé, de l'évêque et du pape. Le rituel de Toul, interprétant ce canon, déclarait que nul prêtre approuvé pour recevoir les confessions, qu'il fût séculier ou régulier, à moins qu'il n'eût de l'évêque un ordre ou un pouvoir spécial, ne devait, sans la permission expresse ou tacite des curés, entendre ni absoudre les pénitents qui, pour satisfaire au précepte de l'Église, se confessaient pendant le carême ou la quinzaine de Pâques[1]. En fait, pour les habitants des paroisses rurales, cette prescription du rituel équivalait, le plus souvent, au règlement des statuts de Troyes promulgué en 1659 ; *Fideles omnes in Paschate proprio parocho confitebuntur, vel alteri approbato de ejus licentia*[2] ; cependant, le rituel de Toul, en faisant mention de la permission tacite du curé, ouvrait une porte assez large à une tolérance nécessaire en une foule de cas. Quoi qu'il en soit, la règle en elle-même, encore qu'on pût

---

1. *Rituel de Toul* (1700), p. 143. On trouve cette règle dans les statuts promulgués en 1515 par l'évêque de Toul, Hugues des Hasards ; mais ce prélat ajoute que le curé doit accorder facilement la licence demandée ; que s'il la refuse *ex malicia, aut animo forte superbo vel indignabundo*, les fidèles pourront la demander au pénitencier ou à l'official (Édit. de 1515, fol. xi). Les statuts de 1678, après avoir posé le principe que, pour se confesser à un étranger au temps de Pâques, les fidèles devront obtenir la permission de leur curé, ajoutent : « Et nous voulons que jamais elle ne leur soit refusée sans grande raison. »

2. *Rituel de Troyes* imprimé en 1660, p. 65. Il est à remarquer que la pratique suivie à Troyes ne fut pas toujours aussi rigoureuse ; voir le texte relatif au diocèse de Troyes, cité par Hinschius, *Kirchenrecht*, IV, p. 119, note 3.

à bon droit la fonder sur le texte du concile de Latran, n'avait jamais été appliquée rigoureusement ; dès le xiiie siècle, la pratique n'avait cessé d'y apporter des tempéraments[1]. Sans doute, un parti important dans l'Église de France rejetait ces tempéraments et, sur ce point, comme sur beaucoup d'autres, s'en tenait à l'opinion la plus sévère ; mais, qu'un autre parti existât, qui mettait en pratique la doctrine contraire et pouvait se réclamer d'importantes décisions des pontifes romains, c'est ce que démontre la controverse ouverte sur ce point entre les auteurs ecclésiastiques français des xviie et xviiie siècles[2]. Cette controverse et les raisons graves qui militent en faveur de l'opi-

---

1. Cf. Hinschius, *op. cit.*, IV, p. 112 et s. ; p. 119.
2. Pour l'histoire de ces controverses, voyez Launoy, *Explicatio Ecclesiæ traditionis circa canonem Omnis utriusque sexus*, dans l'édition de ses œuvres publiée à Genève, en 1731 : I, Pars Ia, p. 244 et s. On consultera avec intérêt les pages que consacre à ce sujet un théologien français, Gaspard Juenin, de l'Oratoire de France, dans son ouvrage : *Commentarius historicus et dogmaticus de sacramentis* (3e édit. Lyon, 1711, p. 424 et s.). Juenin, partisan de la doctrine rigoureuse, connaît les décisions pontificales qu'on lui oppose et s'efforce de les écarter. — En 1755, c'est-à-dire au temps de Couquot, la controverse battait son plein. C'est alors que parut un écrit intitulé : *Défense du droit épiscopal et de la liberté des fidèles touchant les messes et les confessions d'obligation, contre l'écrit d'un certain docteur anonyme*, par le R. P. Jean Bagot, de la Compagnie de Jésus. Paris, 1755. — A l'appui de l'autorité des curés, parut à Avignon, en 1769 : *Droits qu'ont les curés de commettre leurs vicaires et les confesseurs dans leurs paroisses*, par M. l'abbé G... — Voyez aussi, en faveur des curés, l'ouvrage intitulé : *Les Pouvoirs légitimes du premier et du second ordre dans l'administration des sacrements et le gouvernement de l'Église* (Paris, 1744), et, en réponse à cet ouvrage, le *Code des paroisses*, par le P. Bernard d'Arras, capucin (Paris, 1746, 2 vol.).

nion la plus indulgente semblent inconnues au curé de Maron ; lui, qui rejette avec tant d'indignation le confesseur que lui imposent une fois par an les statuts du diocèse, n'hésite pas à s'écrier qu'il n'y a plus de discipline dans l'Église s'il n'est pas le seul prêtre en droit d'absoudre valablement ses paroissiens à Pâques, à moins qu'il ne leur donne licence de s'adresser ailleurs. Au surplus, il ne leur refuse pas cette licence par principe ; mais il en excepte trois catégories de personnes dont il juge l'état moral particulièrement grave. Ces catégories comprennent à coup sûr une portion considérable de ses paroissiens : pour s'en convaincre, il suffit de voir comment il les compose. Ce sont d'abord les hommes et les jeunes gens qui vont dans les assemblées que les femmes et les jeunes filles tiennent pendant l'hiver pour veiller et travailler : on sait, par les documents contemporains, que ces assemblées, nommées en Lorraine *poilles* ou *coirrails*, causaient les plus graves soucis aux pasteurs des âmes[1]. Ce sont, en second lieu, les paroissiens qui fréquentent les cabarets pendant le carême et les cabaretiers qui les y reçoivent ; Couquot est d'ailleurs l'ennemi déclaré des cabarets, vis-à-vis desquels il estime que les magistrats civils se montrent beaucoup trop tolérants[2].

1. Cf. abbé E. MARTIN, *op. cit.*, II, p. 421 et s. — Voyez, par exemple, sur les « assemblées nocturnes nommées poiles, écregnes ou ouvroirs », les statuts synodaux de l'évêque de Toul, Jacques de Fieux, en date du 20 avril 1678, chap. XII, art. 8 (Édition de Toul, 1682), et le règlement, analysé par l'abbé E. MARTIN (*op. cit.*, II, p. 372 et 373), que promulgua l'évêque Thiard de Bissy, pour être suivi dans ces réunions.

2. Sur la législation applicable aux cabarets en Lorraine, voir ROGÉVILLE, *Dictionnaire des ordonnances*, Vº *Fêtes et cabarets*.

Enfin, la troisième catégorie, où apparaît jusqu'à la dernière évidence l'esprit rigoriste du curé de Maron, est composée des fidèles qui ne se confessent qu'à Pâques. Pour lui, en effet, « une personne qui se ferait une pratique de ne s'approcher des sacrements qu'à Pâques est indigne de faire ses Pâques ».

Couquot se félicite beaucoup de s'être conformé à ces règles pendant vingt ans et recommande à ses successeurs d'y être fidèles. Il s'attache d'ailleurs à défendre sa conduite contre les objections trop naturelles qui sûrement lui ont été opposées à plus d'une reprise; au fond, malgré ses affirmations tranchantes, il sent bien qu'il s'est placé sur un terrain mal assuré[1]. C'est que la règle d'après laquelle la confession pascale doit être reçue par le curé, tombée en désuétude pendant plusieurs siècles, combattue par les réguliers, peu soutenue par le Saint-Siège, n'avait quelque chance d'être restaurée qu'autant qu'elle serait appliquée avec une prudence extrême. Je ne puis me défendre d'opposer à l'action peu discrète de Couquot les recommandations infiniment plus sages d'un prélat son contemporain, M. de Pressy, évêque de Boulogne. Après avoir

---

[1]. Couquot aurait pu invoquer comme argument l'opinion des théologiens cités par le pape Benoît XIV, dans son traité *De Synodo diocæsana* (lib. V, c. IV, s. 2), d'après lesquels, théoriquement au moins, le curé a le droit de se réserver l'absolution de certains péchés. En fait, ajoute Benoît XIV, les curés, s'ils possèdent ce droit, n'en usent pas. Il semble d'ailleurs à l'un des auteurs cités par lui que l'usage de ces réserves serait difficilement compatible avec les pouvoirs que les évêques accordent pour tout le diocèse aux prêtres qu'ils approuvent. Mais l'article mentionné ci-dessus (p. 18) des statuts de Toul ne résout-il pas à l'avance cette objection?

posé le principe que la confession pascale ne saurait être faite à un prêtre étranger à la paroisse sans la permission du curé, de l'évêque ou d'un de ses vicaires généraux, il ajoute : « Les curés se garderont bien de se servir de ce règlement pour appesantir sur les fidèles le précepte de la confession par les difficultés qu'ils feraient de leur permettre de se confesser à d'autres ; au contraire, il leur est enjoint d'avertir leurs paroissiens qu'ils accorderont facilement cette permission... Ils la donneront en général, au prône, ou en particulier[1]. » Je laisse au lecteur le soin de comparer les deux procédés et de dire si Couquot n'était pas de ceux qui appesantissaient le précepte de la confession.

Cependant, si extrême qu'il soit dans la théorie, Couquot se montre, sur certains points, assez modéré dans la pratique. Sa vie ne se passe pas à des luttes perpétuelles contre l'autorité de son évêque : il écrit quelque part, non peut-être sans exagération, qu'il n'a jamais eu maille à partir avec l'administration épiscopale[2]. J'aurai l'occasion de dire plus bas, à propos de la dîme, qu'il avait le bon sens de comprendre qu'il eût été indécent de l'exiger avec la dernière rigueur[3].

---

1. *Rituel de Boulogne*, édition de 1750, p. 146 et s.

2. Il paraît cependant s'être trouvé en désaccord avec l'évêché de Toul à l'occasion du procès qui fut soulevé par les héritiers Baguelot pour demander la nullité d'une fondation : voir ci-dessus, p. 15.

3. Il n'est pas inutile de signaler, à l'honneur de Couquot, le trait suivant. L'année 1755 fut une année désastreuse ; la vendange fut à peu près nulle. Pour savoir ce qu'ils devaient payer de dîme, les habitants de Maron déclarèrent s'en remettre « à

C'est que Couquot était en réalité un prêtre animé d'excellentes intentions. Prenant fort au sérieux sa mission, il se proposait avant tout de conserver dans sa paroisse, avec les croyances chrétiennes, les vieilles mœurs qui faisaient la force des campagnes lorraines. On le voit, dans les pages écrites de sa main, s'occuper avec grand soin de l'éducation religieuse des enfants et maintenir à Maron l'usage, aujourd'hui reçu partout, du renouvellement de la première communion; on peut constater la sollicitude avec laquelle il suit les enfants depuis la première communion jusqu'au renouvellement. Le maître d'école est pour Couquot un collaborateur de tous les instants; le curé de Maron s'efforce de traiter ce collaborateur avec une prudente réserve et une bienveillante charité. Il tient à ce que l'école elle-même soit en bon état; il est heureux d'avoir l'occasion de l'installer dans un nouveau local[1]; il ne permet pas d'ailleurs qu'on en fasse une salle de réunion à l'usage des plaids annaux ou d'autres assemblées civiles[2]. Sa sollicitude suit les

---

la prudence et à la conscience de leur curé » (Archives de M.-et-M., G, 1071). Ce ne fut pas la seule circonstance où l'on eut recours à l'esprit conciliateur de Couquot.

1. Quand il reconstruisit l'église au milieu du village, il établit l'école dans la chapelle, désormais inutile, où il célébrait la messe les jours de semaine, afin d'éviter d'aller à l'église, assez éloignée, où avaient lieu seulement les offices du dimanche.

2. On sait à quel point nombre de membres du clergé du diocèse de Toul se préoccupèrent, en ce temps, de l'éducation des filles. Il ne paraît pas que Couquot ait travaillé activement à établir une école de filles dans la paroisse de Maron. L'œuvre de la reconstruction de l'église absorba d'ailleurs assez longtemps son activité.

enfants quand ils grandissent et s'étend, comme on l'a vu, sur les jeunes gens et les jeunes filles ; il ne néglige rien pour amener les fiancés à envisager sérieusement le mariage et à s'y préparer chrétiennement[1]. Il ne manque pas d'assister de temps en temps aux réunions de la congrégation des hommes et de celle des filles, afin de travailler pour sa part au but que se proposent ces associations, à savoir, rendre les congréganistes « plus retenus » dans leur conduite et surtout perfectionner leur connaissance de la religion. Par son initiative, l'église paroissiale est reconstruite en un endroit d'un accès plus facile : il veut d'ailleurs qu'une décence parfaite soit observée en tout ce qui regarde le culte et, pour atteindre ce but, il n'hésite pas à sacrifier les usages les plus respectables. L'habitude à Maron était qu'on veillât à l'église pendant les nuits du jeudi au vendredi et du vendredi au samedi de la semaine sainte, et qu'on sonnât le glas funèbre pendant toute la nuit de la Toussaint; mais il en résultait des abus et des désordres. Aussi Couquot n'hésite pas à abolir l'un et l'autre usages. Il s'en prend même à une coutume inoffensive, répandue dans tout le monde chrétien parce qu'elle est prescrite par la liturgie : c'est celle qui consiste à faire quelque bruit à la fin de l'office des ténèbres qui se célèbre pendant la semaine sainte. Comme plusieurs jeunes gens de la paroisse en ont profité pour exagérer le bruit ou perpétrer quelques

---

[1]. De son temps, à Maron comme ailleurs, les fiançailles étaient bénites par le prêtre quelques jours avant la célébration du mariage religieux, ou parfois la veille de cette célébration.

plaisanteries, qui ne semblent point d'ailleurs très graves, Couquot décide que désormais l'office s'achèvera en silence. A dire vrai, sa manière d'entendre la religion est sérieuse et digne ; je me demande si elle n'était point quelque peu triste et austère. Vraisemblablement, Couquot n'eût rien compris à l'exclamation d'un homme éminent qui, saisi un jour par le charme qui se dégage des tableaux religieux des primitifs italiens, s'écriait non sans un certain étonnement : « Oh ! comme cette religion est joyeuse [1] ! »

IV

L'esprit précis et rigoureux de Couquot se retrouve quand il s'occupe de ses intérêts personnels et de ceux de sa paroisse. Nous n'avons aucune raison de l'accuser d'avarice ; au contraire, il paraît s'être montré libéral à l'égard de la communauté de Maron, en lui avançant des fonds ou même en lui en abandonnant à diverses reprises [2]. Mais il tient à ses droits et à

---

1. Ce mot, rapporté par *Léon Gautier*, est de *Jules Quicherat*.

2. En janvier 1761, Couquot rend compte à la communauté de Maron de la construction et de la vente (location) des bancs de la nouvelle église, effectuées par ses soins. La construction des bancs avait coûté 2 218 livres 13 sols. La vente a produit 2 131 livres 15 sols 6 deniers. Comme Couquot avait avancé les frais de la construction, la communauté se trouve lui devoir 86 livres 17 sols 6 deniers ; il mentionne aussi 695 livres qu'il a prises sur ses deniers, à la prière du maire, du syndic et de la communauté, qui, faute d'argent, ne pouvaient achever l'église. Il a encore payé de ses deniers une grande partie de l'amortissement de la fondation Baguelot (voir ci-dessus p. 15). Ainsi il a avancé à la communauté 1 095 livres, plus les 86 livres 17 sols

ses prérogatives ; c'est pourquoi il les enregistre et les décrit avec un soin minutieux. Grâce au souci qu'il en a pris, il nous est possible de nous faire une idée assez exacte des ressources d'un curé de Maron au milieu du xviiie siècle.

Au premier chef de ces ressources figurent le casuel et les fondations. Le tarif du casuel qui était en vigueur à Maron a été constaté dans une assemblée de la communauté, tenue le 30 juillet 1747, c'est-à-dire quelques jours après la prise de possession de la cure par Couquot[1]. En rapprochant ce tarif du nombre des

---

6 deniers payés pour les bancs. En outre, il dit avoir dépensé plus de 1000 livres à la poursuite du procès pour la construction de l'église (procès contre les jésuites, voir ci-dessous), 2 000 livres pour la maison de cure et 1 800 livres pour des fondations faites par lui. Le 24 janvier 1761, Couquot se fait donner par les maire, syndic, échevin d'église et jurés de Maron une déclaration constatant que « loin d'avoir profité sur le produit des bancs, Couquot a agi bien généreusement et gratuitement » (Archives de M.-et-M., G, 1071).

1. Le dimanche 30 juillet 1747, quelques jours après l'arrivée de Couquot, fut tenue une assemblée de communauté, comprenant les gens de justice, maire, syndic et communauté de Maron. Cette assemblée fit d'abord choix de Jean Vinchelin, pour remplir les fonctions d'échevin d'église en remplacement de Fiacre Jeandidier, démissionnaire. (Les obligations de l'échevin d'église étaient de blanchir les linges de l'église et de percevoir les rentes dues à la fabrique, sous la direction du curé. Il en était récompensé par l'exemption des corvées et charges de la communauté ; il avait une double portion de bois.) Ensuite on reconnut les droits du curé, « suivant l'usage de tout temps ». Pour un enterrement d'adulte, avec la messe, la levée du corps et les obsèques, il prend neuf livres. — Pour un enterrement d'enfant, trente sols, et vingt sols en plus si l'on fait dire la messe. — Pour baptême, trois sols dans la salière pour le curé. — Pour relevailles, neuf sols. — Pour conduite de confrérie (reconduire processionnellement après la fête patronale l'image du patron de la confrérie chez le chef de la confrérie), quarante sols. — Pour

baptêmes, mariages et enterrements d'une année normale, tel qu'il résulte des registres de la paroisse, et des renseignements que nous possédons sur le chiffre de la population de Maron, nous sommes en mesure de déterminer approximativement le produit moyen du casuel. J'estime que ce produit s'élevait à environ 200 livres lorraines, dont il convient de défalquer 10 p. 100 afin de tenir compte des insolvabilités. Si d'autre part on y ajoute 50 livres comme produit des offrandes faites à l'occasion de mariages, services funèbres et autres cérémonies, on obtient 230 livres comme chiffre moyen du casuel[1]. Couquot a en outre dressé un tableau des sommes que les fondations de services et de messes procuraient au curé[2];

---

l'eau bénite, un franc barrois par ménage chaque année. — Pour un mariage, les bans, la messe du jour et celle du lendemain, celle-ci à l'intention des défunts des deux familles, un gros écu (7 livres, 15 sols) et en outre la poule, ou 16 et 18 sols en argent faute de poule. (A Pont-Saint-Vincent, d'après les notes de M. l'abbé Boulanger, les fiancés devaient un poulet gras au curé.) — Pour un service de dévotion à l'intention des défunts, avec un nocturne, la messe et les obsèques, et la fourniture du luminaire, un écu de trois livres (Extrait des registres paroissiaux).

En outre la communauté de Maron donne un écu au curé pour le synode ; il prélève aussi un cierge d'une demi-livre à la Purification, 15 sous pour la bénédiction des fonts du Samedi-Saint, et 20 sous pour la bénédiction des fonts du samedi de Pentecôte ; ces deux redevances doivent être payées au premier baptême qui suit chaque bénédiction (Note de Couquot ; Archives de M.-et-M., G, 1071).

1. J'arrive à ce résultat en faisant le compte des baptêmes, relevailles, mariages et enterrements qui ont eu lieu en 1760, année moyenne, et en tenant compte des redevances autres auxquelles le curé avait droit. Je compte la livre lorraine comme ayant une valeur intrinsèque de 0,80, et le franc barrois comme ayant une valeur intrinsèque de 0,34.

2. Ce tableau, très minutieux, est inséré à la fin du registre

annuellement ces sommes montaient à 240 livres. Il faut ajouter à ce chiffre les honoraires que le curé de Maron touchait pour des messes ou des services non compris dans la liste des fondations perpétuelles. Or, si l'on établit le chiffre moyen des jours occupés par les messes des fondations, des mariages, des enterrements et aussi par les messes qu'en sa qualité de curé, Couquot était tenu de célébrer à l'intention de sa paroisse, on verra qu'il ne disposait guère que de cent cinquante jours par an. A ces jours, Couquot pouvait être sollicité de célébrer une messe basse, dont l'honoraire n'atteignait pas toujours une livre lorraine, ou parfois un service chanté, qui était payé à raison de trois livres, sur lesquelles le curé devait fournir le luminaire. Mais la population de la paroisse n'était pas nombreuse ; les familles aisées avaient fait bon nombre de fondations, si bien qu'il me semble fort douteux que l'intention de la messe du curé lui fût demandée tous les jours libres. Aussi j'estime que, de ce chef, on ne peut guère inscrire à son budget des recettes qu'une somme de 130 livres environ. Ainsi les

---

paroissial de 1768. Couquot l'a établi d'après les archives de la cure, qu'il tenait en un ordre très exact. Tous les titres étaient cotés par une ou plusieurs lettres de l'alphabet. On trouvera beaucoup de titres de fondations dans le carton des archives de M.-et-M., G, 1071. Couquot, on l'a dit ci-dessus (p. 26, note), déclare avoir dépensé 1800 livres en fondations pour son compte ; ailleurs il dit avoir fondé deux jours de l'Octave des morts (c'est-à-dire sans doute qu'il a fait une fondation destinée à subvenir aux frais du culte et à la rétribution du prédicateur pendant ces deux jours ; nous savons par un autre texte qu'il faisait prêcher l'Octave des morts). Il laissa à la cure un pré pour subvenir à cette fondation (Archives de M.-et-M., G, 1071).

trois chapitres du casuel, des fondations et des messes ne produisaient guère pour Couquot plus de 700 livres lorraines.

A ces ressources s'ajoutait la part que le curé percevait dans la dîme[1]. Pour le blé, l'orge, l'avoine et le seigle, les habitants de Maron fournissaient une gerbe sur six dans la partie basse du territoire, et une gerbe sur sept dans les cantons plus élevés, voisins de la forêt. De ces gerbes, il était fait deux parts égales : l'une constituait la dîme, et l'autre, à titre de droit de terrage, était versée dans les granges du seigneur ; ainsi la dîme des céréales était, suivant les cas, du douzième ou du quatorzième. Les habitants devaient aussi, à titre de dîme, un onzième des pommes de terre, une part du chanvre et quatre sous par tête d'agneau. Mais ces produits atteignaient un chiffre peu important. A Maron, dit Couquot, « il n'y avait pour ainsi dire d'autre dîme de la terre que celle du raisin ».

Autrefois, à une époque lointaine, la dîme se percevait à la vigne, en raisins ; les décimateurs prenaient alors le onzième de la vendange. Depuis le XVIIe siècle, ce régime était modifié : un nouveau système avait été introduit[2], que divers arrêts de la Cour

1. Sur la variété du taux des dîmes en Lorraine, cf. abbé D. Mathieu, *L'Ancien régime dans les provinces de Lorraine et de Barrois*, p. 197 et suiv.

2. Arrêt de la Cour souveraine du 13 août 1668, concernant Chaligny, Chavigny, Neuves-Maisons et Maron. Les habitants avaient prétendu payer la dîme à la vigne ; ils disaient devoir seulement un tendelin (hotte à porter le raisin) sur 30. Ils s'étaient adressés pour cela au duc, alléguant les difficultés de la perception au bouge : Charles IV les renvoya à la Cour souveraine,

souveraine, en date de 1730, de 1733 et de 1739,
avaient définitivement maintenu et réglementé. Sous
ce régime, la dîme se percevait non plus sur les raisins, mais sur le vin façonné ; les décimateurs y ga-
gnaient de n'avoir point à faire le vin, mais en revanche ils ne prenaient que le vingt-deuxième. Ils étaient
en droit de rechercher partout la vendange dans les
maisons des vignerons ; ils faisaient jauger le contenu
des bouges (ainsi nomme-t-on en Lorraine les cuves)
par un expert assermenté, toujours étranger à la paroisse, qui estimait la quantité de vin qu'on en pouvait raisonnablement attendre. Ainsi, les décimateurs
étaient avertis de l'existence et de la quantité de la
matière imposable. La perception de la dîme se faisait,
suivant l'usage de Maron, « à la première tirée du
vin [1] », par le ministère d'agents des décimateurs,
connus sous le nom de pauliers [2] ; tout le détail de
la perception était minutieusement réglé.

---

qui rejeta leur demande. En 1676, le parlement de Metz décide
qu'à Maron les décimateurs percevraient 1 chaudron de vin
sur 22, tant de vin de goutte que de vin de pressoir. C'est le
système qui fut pratiqué au xviii° siècle (Archives de M.-et-M.,
H, 1920 et 1928).

1. Un document de 1607 (Archives de M.-et-M., H, 1026)
mentionne qu'à Maron la coutume, favorable aux décimateurs,
leur permettait de « laisser » (affermer) la fonction de paulier.
Cependant, ce régime, s'il était encore appliqué au xviii° siècle,
ne supprimait pas toute participation des habitants à la désigna-
tion de cet agent ; en effet, le 29 juillet 1758, la communauté de
Maron se refuse à créer le paulier, et Couquot fait constater
son refus (Archives de M.-et-M., G, 1071).

2. A Chaligny, la communauté se disait en possession immé-
moriale du droit de présenter à l'agrément des décimateurs les
deux individus destinés à remplir les fonctions de pauliers. Les
décimateurs ou « une personne les représentant » devaient ac-

Il semble que ces règlements eussent dû éviter toutes difficultés : au surplus, Couquot était d'avis « qu'il valait mieux que les décimateurs perdissent quelque chose que d'en avoir, car, ajoutait-il, il ne faut pas que la dîme se perçoive avec rigueur ». Cependant, nous avons la preuve que des contestations se produisirent plus d'une fois de son temps. C'est, en 1752, deux vignerons qui refusent de payer la dîme ; un troisième ne se borne pas à refuser, il outrage le curé. L'année précédente, un bourgeois de Nancy (il se nommait Arthaud et était orfèvre de son état) s'était avisé d'enlever du vin avant que les bouges n'eussent été jaugés. Quand les pauliers se présentèrent, Arthaud voulut « les obliger à prendre le reste du bouge dont il avait transporté le meilleur ». Comme ils s'y refusèrent, la contestation dégénéra en une querelle où Arthaud fit une abondante distribution de grossières injures, dont le curé eut sa part. Le soir du même jour, Arthaud se donna le luxe d'aller interrompre le souper du curé pour l'invectiver encore, lui et sa servante ; il fallut qu'on allât quérir le maire pour le mettre à la porte du presbytère et que le curé, afin d'obtenir satisfaction, s'adressât à la justice seigneuriale de Frolois[1]. Cependant, Couquot semble

---

compagner le paulier lors de la perception de la dîme. A Chaligny, les pauliers se payaient de leur peine en prenant la dîme de la dîme ; c'est ce qu'on appelait la redîme. Sans doute il en était de même à Maron. Cf. abbé D. MATHIEU, *op. cit.*, p. 198.

1. Voir sur ces faits, Archives de M.-et-M., G, 1071. — A ce moment, Maron dépendait du prince de Guise, qui y avait la haute justice ; c'est pourquoi les habitants de Maron étaient poursuivis devant la justice seigneuriale, dont le siège se trouvait

avoir rencontré moins de résistance que son prédécesseur Bourlier. Une lettre de Bourlier nous apprend qu'en 1738 une bonne partie des habitants insultait et chargeait de malédictions les décimateurs, et « parlait mal de l'Église aussi bien que des arrêts de la Cour souveraine [1] » ; tel habitant de Maron était connu pour renouveler tous les ans des scènes d'injures. En 1739 le même curé se plaignait « de l'esprit de fraude qui régnait dans la plupart de ses paroissiens [2] ». Visiblement, c'était une opération délicate que cette perception de la dîme. Si Couquot, intelligent et avisé, n'évitait pas toutes les querelles, je laisse à penser ce qu'il en devait être d'esprits plus étroits et moins disposés à la conciliation [3].

Au surplus, il s'en fallait de beaucoup que Couquot fût seul maître de la dîme, partant seul arbitre de la tolérance permise aux agents qui la percevaient. Jusqu'en 1678, Maron ne fut qu'une annexe de la paroisse de Chaligny, administrée le plus souvent par un vicaire-résident, qui tenait ses pouvoirs du curé de l'église-mère. Or, depuis le xiie siècle, les trois quarts de la dîme de la paroisse de Chaligny (y com-

---

à Guise (plus tard Frolois). La haute justice, avec la seigneurie de Guise et de Maron, fut ensuite cédée au comte de Ludre, qui prit le titre de marquis de Frolois ; Guise reçut le nom de Frolois ; les habitants de Maron continuèrent d'y aller plaider.

1. Archives de M.-et-M., H, 1927.
2. Lettre de 1739 ; Archives de M.-et-M., G, 1071.
3. « Vauban affirme que de son temps la dîme se percevait facilement et ne soulevait aucun murmure. Je ne puis accepter cette opinion qu'avec réserve en ce qui concerne la Lorraine. » (Abbé D. Mathieu, *op. cit.*, p. 201). Les difficultés étaient surtout nombreuses pour la dîme du vin.

pris Maron et les autres annexes, Chavigny et Messein) étaient perçus au profit du prieuré bénédictin de Neuves-Maisons, dépendant de l'abbaye de Saint-Vincent de Metz; un quart seulement demeurait au curé de Chaligny. Sans doute, en 1599, le prieuré avait été soustrait à l'abbaye messine pour être incorporé au noviciat des jésuites de Nancy, dont ses biens constituèrent pour une large part la dotation. Dès lors, la dîme perçue jadis au profit des moines fut levée au profit des jésuites; les vignerons n'y gagnèrent rien. Ce régime subsista après la constitution de Maron en paroisse autonome et indépendante, qui eut lieu en 1678. Désormais, au lieu d'un vicaire payé par le curé de Chaligny, Maron eut son propre curé auquel les jésuites, après maintes difficultés dont il sera question plus loin, consentirent à laisser prendre le quart de la dîme du territoire, à moins qu'il ne préférât leur demander en argent la portion congrue à laquelle il avait droit aux termes des décisions des conciles et des ordonnances; cette portion, à l'époque où Couquot arriva à Maron, était fixée à 400 livres lorraines. En fait, de 1747 à 1764, Couquot opta pour le quart de la dîme, qu'il perçut en nature : c'est pourquoi nous trouvons dans ses papiers des renseignements établissant, pour cette période, la production vinicole de Maron, le montant de la dîme totale et de la part du curé, et le prix moyen du vin, d'après lequel il estimait la valeur de sa part [1]. Comme on peut s'y at-

---

1. De ces papiers j'ai extrait un tableau où sont réunis les renseignements fournis par Couquot. Ce tableau a été publié dans le *Journal de la Société d'archéologie lorraine*, livraison de juin 1904.

tendre, il résulte de ces renseignements que le produit de la récolte, et par suite celui de la dîme, étaient extrêmement variables. Ainsi, en 1755, les habitants de Maron récoltèrent à peine 200 virlis de vin (le virli contenant environ 308 litres[1]), tandis qu'en 1752, ils récoltèrent 2340 virlis, de telle façon que la récolte de 1755 atteignit à peine le douzième de la récolte de 1752. Les variations n'étaient pas moins sensibles en ce qui concerne le prix du vin, qui atteignit 9 livres pour une mesure (44 litres 07) en 1748 et ne dépassa pas 3 livres en 1751, 1756 et 1758. Quoi qu'il en soit, en examinant les résultats donnés pour la période de douze années comprise entre 1747 et 1758 (ce sont les douze premières années du séjour de Couquot à Maron), on peut se convaincre que la part du curé, oscillant entre 812 livres pour l'année 1747 et 100 livres à peine pour 1755, doit être estimée en moyenne à la valeur de 570 livres par an. C'est donc 570 livres que nous devons ajouter, bon an mal an, aux recettes du curé de Maron. Il ne semble pas téméraire de compter en outre 50 livres pour la part du curé dans la dîme des céréales et produits autres que le vin; ce qui porte à 620 livres l'émolument moyen de son quart de la dîme perçue sur le territoire de la paroisse.

A la dîme, il convient d'ajouter une somme de 75 livres, représentant la valeur moyenne du vin qui était donné après la vendange au curé de Maron, sous

1. Exactement 308 litres 50. Il équivalait à 7 mesures. Cf. DE RIOCOUR, *les Monnaies lorraines*, dans les *Mémoires de la Société d'archéologie lorraine*, 3ᵉ série, XII (1884), p. 38.

le nom de vin de la Passion. Il faut savoir en effet que, d'après un usage auquel on tenait dans les campagnes, le curé lisait le récit évangélique de la Passion le dimanche avant la messe[1]; pour l'indemniser de sa peine, les familles pieuses lui donnaient quelques pots de vin, suivant l'abondance des récoltes[2]. Enfin, si l'on veut apprécier dans leur ensemble les ressources du curé de Maron, on devra mentionner la jouissance de la maison de cure, construite en 1678, et du « bouverot », ou petite dotation immobilière qui, dans beaucoup de paroisses lorraines, était annexée au presbytère. A Maron, ce bouverot comprenait quatre jardins, dont deux contigus à la cure (deux de ces jardins étaient chargés chacun d'une messe), une vigne d'un jour (environ 20 arcs), vers le cimetière près du chemin de Nancy (elle était accensée pour 4 livres 6 sous et le vingt-deuxième du vin[3]), et enfin un pré sur le territoire de Chaligny, dit pré des Trépassés, parce que le curé, en échange de la jouissance qu'il en avait, était tenu de dire tous les ans

---

1. Le tarif de 1678 mettait cette redevance à la charge des fabriques, qui devaient payer de ce chef 15 fr. à leur curé. Le franc barrois valait alors 0,81 ; 15 fr. font donc 12 fr. 15 de notre monnaie. A Maron, les fidèles rétribuaient directement le curé.

2. D'après les renseignements que je trouve dans les papiers de Couquot (Archives de M.-et-M., G, 1071), le vin de la Passion produisait 16 mesures (la mesure contient 44 litres 07) en 1748, 11 mesures en 1749, 16 mesures en 1750, 18 en 1751, 16 en 1753. La moyenne de ces cinq années représente un chiffre de 15 mesures. Au prix moyen de 5 livres la mesure, cela fait 75 livres.

3. Cette vigne était le jardin de l'ancienne cure, située près de la vieille église, dans la partie supérieure du village.

pour les défunts de la paroisse des messes jusques à concurrence de la valeur d'un écu. Il convient encore d'ajouter qu'au curé de Maron appartenait, sans contestation, le droit de colombier, et qu'il jouissait, en outre, du bénéfice de certaines exemptions : ainsi la vigne de la cure ne payait point de dîme ; le curé n'était point obligé de participer à la fourniture des bêtes mâles, qui incombait uniquement aux possesseurs du prieuré ; il ne devait point le pain et le vin pour la messe, dont la dépense pesait sur la communauté ; il ne supportait aucune des charges de la communauté ni des droits seigneuriaux dont elle était tenue, vis-à-vis du prince de Guise et après lui du marquis de Frolois[1]. Il avait droit, cependant, à sa part d'affouage et à tous les avantages de la communauté.

Telle était la situation matérielle de Couquot à Maron. En moyenne son bénéfice devait lui rapporter un revenu de 1 400 livres lorraines[2], soit, en valeur intrinsèque, un peu plus de 1 100 fr. de notre mon-

---

[1]. Le curé de Maron était indépendant du seigneur, même au point de vue de la justice ; il était « bailliager », c'est-à-dire que lorsqu'il était poursuivi, il avait le droit d'être jugé en première instance par le bailliage de Nancy, et non par le prévôt de la justice seigneuriale résidant au village qui s'appela successivement Guise et Frolois.

[2]. Casuel, estimation moyenne. . . . . 230 livres.
    Fondations . . . . 340 —
    Messes et services, estimation moyenne. . . 130 —
    Dîme. . . . . 620 —
    Vin de la Passion . . . . 75 —
    Vigne de la cure, redevance en argent et en vin 10 —

    1 405 livres

dont il est raisonnable de déduire environ 30 livres pour frais de perception de la dîme.

naie, qui en vaudraient bien 2000 de nos jours. Joignez-y la jouissance du presbytère, du bouverot, le droit de colombier et autres privilèges mentionnés plus haut. Peut-être le curé Bourlier tenait-il compte de tous ces avantages quand, en 1744, au moment où il négociait l'échange de sa cure avec un de ses collègues, il affirmait qu'elle valait 1600 livres. C'est sans doute d'après les mêmes bases que Chatrian, dans le pouillé du diocèse de Nancy par lui dressé en 1779, estimait à 1680 livres les revenus du bénéfice appartenant au curé de Maron [1].

Tout compte fait, la cure de Maron, sans être des plus pauvres, ne pouvait être classée parmi les cures opulentes : elle était bien inférieure à celle de Chaligny, qui produisait 5600 livres [2]. Encore Couquot faillit-il en voir le revenu diminué de 150 livres. Un ancien curé de Maron, nommé Varin, que l'administration épiscopale avait dû écarter du ministère, s'était retiré à la condition de recevoir une pension annuelle de 150 livres que son successeur Bourlier s'était engagé à lui payer. En 1744, Bourlier avait obtenu de transmettre par voie d'échange son bénéfice à Dumont, qui se chargea aussi de la pension. Quand en 1747, après la mort de Dumont, Couquot arriva à

---

1. Peut-être aussi ces calculs étaient établis d'après de bonnes années. Alors la cure de Maron rapportait facilement 1600 livres sans que, pour atteindre ce chiffre, on eût à faire état de la jouissance du presbytère et de ses accessoires.

2. Abbé MATHIEU, *op. cit.*, p. 141. Il faut remarquer que le curé de Chaligny devait, sur le revenu de son bénéfice, entretenir le vicaire résident de Messein-Chavigny, et souvent aussi un vicaire commensal à Chaligny.

Maron, Varin tenta de la lui réclamer, prétendant que cette pension était une charge du bénéfice; il invoqua même contre lui une bulle du pape, qui lui imposait cette charge. L'affaire fut portée jusques à la Cour souveraine, qui, par arrêt du 4 avril 1748, donna raison à Couquot et l'affranchit de la pension, considérée comme une obligation personnelle de Bourlier, alors curé d'Herbéviller. La bulle du pape, dit-on, n'avait été ni insinuée ni homologuée; elle était donc de nul effet. Ce fut la thèse que Couquot, d'accord en cette affaire avec les jésuites intéressés à ce que la cure de Maron ne fût point trop lourdement chargée, soutint avec succès devant la Cour souveraine[1].

Dès lors Couquot vécut à Maron du produit de sa cure; nous savons seulement qu'en 1764 il renonça à toucher son quart de dîmes pour réclamer des décimateurs sa portion congrue. J'imagine qu'en dehors des revenus de son bénéfice il devait avoir quelque fortune personnelle; sinon, l'on s'expliquerait difficilement qu'il ait pu faire à la paroisse d'assez importantes libéralités.

V

On a dit plusieurs fois, au cours des pages qui précèdent, que les trois quarts de la dîme perçue à Maron (aussi bien qu'à Chaligny, à Chavigny, à Messein

---

[1]. Archives de M.-et-M., H, 1937. Dans ce procès, à l'issue duquel fut réglée la situation de Couquot, tant vis-à-vis de Varin que des jésuites et des habitants (arrêt du 4 avril 1748), voici quels furent les avocats des parties en cause : M⁰ Rheyne plaida

et à Neuves-Maisons) appartenaient au noviciat des jésuites de Nancy ; ce noviciat prélevait ainsi, à Maron, un revenu moyen qui n'était guère inférieur à 2 000 livres lorraines [1], tandis que le curé n'en percevait que le tiers. Ainsi la plus grosse partie de la contribution supportée par les habitants, loin d'être employée pour le bien commun de la paroisse, profitait exclusivement à un établissement étranger. Sans doute les lois ecclésiastiques et civiles imposaient certaines charges au décimateur, telles que, par exemple, l'entretien et les réparations de la nef de l'église paroissiale [2], et, en cas d'insuffisance des revenus de la fabrique, l'achat des calices, livres liturgiques et ornements d'église. Mais le noviciat des jésuites avait grand besoin de ses revenus ; d'ailleurs il n'était lié à la paroisse de Maron par aucune communauté d'intérêts ou de souvenirs. Aussi arrivait-il souvent que, comme les autres gros décimateurs, il ne s'acquittait de ses obligations qu'avec répugnance et parcimonie. De là de fréquentes contestations et de nombreux procès, au cours desquels paroisses et établissements religieux s'accoutumaient par la force même des choses à se considérer comme des adversaires. C'était là une véritable plaie de l'organisation ecclésiastique de l'ancien régime : l'histoire des rapports de la paroisse de

---

pour Varin, M⁰ Pierre pour Couquot, M⁰ André pour les jésuites, M⁰ Grandjean pour les habitants de Maron, M⁰ Drouot pour Bourlier.

1. D'après les calculs dont le résultat a été donné plus haut, entre 1747 et 1759, le produit moyen de la part des jésuites dans la dîme aurait été de 1 800 livres par an.

2. Abbé D. Mathieu, *op. cit.*, p. 144.

Maron avec le noviciat de Nancy suffirait à en fournir la démonstration.

Ce n'est pas ici le lieu de raconter cette histoire dans son ensemble; au moins est-il impossible de passer sous silence les litiges qui furent soulevés pendant la période qui nous occupe. Dès son arrivée à Maron, Couquot fit l'expérience des difficultés qui l'attendaient. Les jésuites avaient toujours protesté contre la décision épiscopale qui, en 1678, avait démembré Maron de Chaligny pour l'ériger en paroisse indépendante; sans doute avaient-ils prévu que curé et habitants s'autoriseraient de cet acte pour réclamer d'eux, au profit de l'église de Maron, la prestation des obligations dont ils avaient la prétention de n'être tenus qu'à l'égard de l'église-mère de Chaligny. En 1691, ils avaient été condamnés par le bailliage de Toul à traiter en curé le prêtre chargé du gouvernement spirituel de Maron, qu'ils affectaient de considérer comme un vicaire du curé de Chaligny[1]; ils s'y prêtèrent d'assez mauvaise grâce, se bornant à le nommer « curé aux termes de la sentence de 1691 ». A l'arrivée de Couquot, ils essayèrent de renouveler leurs protestations, et lui contestèrent la qualité de curé, ainsi que le droit, qui en était la conséquence, de prendre pour lui le quart de la dîme ou de leur demander en argent la portion congrue; ils soute-

---

1. Sentence du bailliage de Toul, du 23 février 1691. Si le prêtre de Maron, qui se nommait Tubé, fut déclaré curé, les jésuites ne furent condamnés qu'à lui servir la moitié de la portion congrue, qui était alors de 300 livres: Tubé n'obtint ainsi que 150 livres.

naient que Couquot, vicaire et non curé, devait, pour s'assurer des moyens d'existence, s'adresser soit aux habitants de Maron, soit au curé de Chaligny, seul fondé en droit à réclamer le quart de la dîme du ban de Maron [1]. L'affaire fut portée devant la Cour souveraine, où les jésuites eurent le dessous. Ils furent condamnés à servir à Couquot, en sa qualité de curé de Maron, sa portion congrue de 400 livres [2], à moins qu'il ne préférât prendre le quart de la dîme. Tel fut le régime établi par l'arrêt du 4 avril 1748.

Quelques années plus tard, une question d'un intérêt capital mit derechef aux prises, d'une part les jésuites du noviciat, d'autre part le curé et la communauté de Maron [3]. Depuis le Moyen Age, le centre de l'agglomération de Maron s'était déplacé pour se rapprocher de la Moselle. Or l'église, reconstruite en 1535 sur la

---

1. Archives de M.-et-M., H, 1937.

2. La portion congrue avait été fixée à 700 fr. barrois, puis à 400 livres lorraines, par les ordonnances ducales du 31 septembre 1698 et du 28 novembre 1725. Cf. Abbé E. Martin, *op. cit.*, II, p. 325.

3. Les renseignements que je donne sur le procès de Maron contre les jésuites, à propos de la construction de l'église paroissiale, sont tirés, soit de divers mémoires imprimés à l'occasion de ce procès par l'une et l'autre parties, soit des cartons des Archives de M.-et-M., où sont contenus les papiers du noviciat des jésuites, notamment du carton H, 1937. Nombre de mémoires, conservés à la Bibliothèque de Nancy, sont mentionnés dans le *Catalogue du fonds lorrain*, dressé par M. Favier, sous les n°s 7553-7565; d'autres se retrouvent dans les cartons des Archives. Le grave incident auquel donna lieu ce procès est mentionné par M. Krug-Basse, *Histoire du Parlement de Lorraine*, p. 277. Consulter aussi l'intéressant article publié par M. Henri Mengin, avocat à la cour de Nancy, ancien bâtonnier, dans le *Pays Lorrain* (année 1904) sous ce titre : *M° de Nicéville et les jésuites*.

place d'un édifice plus ancien, qui existait déjà au commencement du xiie siècle, était située dans la partie élevée du village et par conséquent se trouvait éloignée du centre : d'ailleurs elle était, paraît-il, fort délabrée et menaçait ruine. Couquot et ses ouailles se mirent en tête de construire une église neuve en un endroit plus commode. Les supérieurs ecclésiastiques et laïques ne les découragèrent pas. A la suite d'une visite faite en 1756 par un commissaire épiscopal muni d'un pouvoir spécial (ce commissaire n'était autre que Duchesne, curé de Chaligny), l'évêque de Toul ordonna la démolition de la vieille église et approuva le projet de reconstruction; l'intendant De la Galaizière y joignit son autorisation, nécessaire en vertu d'une ordonnance de Stanislas, datée de 1738[1]. Aussitôt, les hommes compétents dressèrent des plans et un devis, qui s'élevait à 20 000 livres ; l'adjudication eut lieu le 1er février 1757. L'œuvre fut achevée en quatre années; la modeste église, qui sert encore de nos jours à la paroisse de Maron, fut livrée au culte le 3 février 1761.

Couquot, qui avait pris une part prépondérante dans cette entreprise, n'y ménageant point ses peines et parfois y contribuant de ses deniers, nourrissait dès le début l'idée d'y faire participer les jésuites ; sur ce point il paraît avoir sans grand'peine amené à ses vues la communauté de Maron. Il était plus difficile d'obtenir l'adhésion des jésuites; les pourparlers

---

1. *Ordonnances de Lorraine,* VI, p. 115 ; abbé D. Mathieu, *op. cit.*, p. 252.

amiables n'ayant pas abouti, il fallut en venir aux voies judiciaires. En 1757, alors que les travaux étaient commencés, les habitants de Maron, évidemment d'accord avec Couquot, l'assignèrent, lui et les jésuites, pour s'entendre condamner, en qualité de décimateurs, à achever l'ouvrage à leurs frais. Les entrepreneurs intervinrent dans l'instance, demandant, en tous cas, une provision. La décision des juges trompa les espérances de Maron. Tout en réservant formellement la question de droit pendante entre les décimateurs et les habitants, le bailliage de Nancy, par sentence du 5 août 1757, condamna la communauté de Maron à fournir aux entrepreneurs la provision demandée ; peu de temps après, le 1er septembre, la Cour souveraine, devant laquelle appel avait été interjeté, confirma cette sentence. En vain les habitants de Maron se pourvurent-ils en cassation contre cet arrêt devant le Conseil du roi Stanislas ; leur pourvoi fut rejeté. La Galaizière autorisa alors la communauté à emprunter les sommes nécessaires pour le payement des travaux, et, au besoin, à vendre son quart de Lois en réserve pour se les procurer.

Quelques habitants de Maron s'émurent de ces défaites judiciaires et en rejetèrent la responsabilité sur le curé ; à entendre Couquot, ces doléances avaient pour auteurs quatre ou cinq des partisans des jésuites, fort peu nombreux dans le village. En tout cas la communauté ne semble point s'être découragée ; d'accord avec son curé, elle résolut de soumettre aux tribunaux la question fondamentale que les premières décisions judiciaires avaient laissée intacte. Il importe de bien préciser l'objet du débat.

Les jésuites ne contestaient pas le principe de l'obligation qui pesait sur les gros décimateurs de concourir aux réparations ou à la réfection de l'église. Mais, dans le cas particulier, ils invoquaient divers arguments pour s'y soustraire. Le premier, et non le plus solide, à mon sens, était qu'ils ne considéraient point Maron comme une paroisse ; aussi, à les entendre, ils ne devaient être obligés de restaurer ou de relever que l'église paroissiale, sise à Chaligny, et non l'église annexe de Maron. En se plaçant sur ce terrain, les jésuites demeuraient sans doute fidèles à leurs protestations anciennes ; mais c'était une prétention bien exorbitante que celle de méconnaître, en dépit de la sentence rendue au bailliage de Toul en 1691 et de l'arrêt de la Cour de 1747, l'existence d'une paroisse fondée en 1678 par l'autorité ecclésiastique, et depuis lors toujours traitée comme telle, si bien que depuis 1678 elle avait été donnée six fois au concours. En second lieu, les jésuites soutenaient que la reconstruction de l'église n'était nullement justifiée : c'était, disaient-ils, un caprice de Couquot, qui voulait rapprocher l'église de son presbytère ; il n'eût pas été impossible de réparer l'ancienne église de manière à éviter la dépense d'un nouvel édifice. La communauté de Maron pouvait répondre en produisant le procès-verbal de la visite de 1756 : au surplus il est peu probable que les habitants se fussent lancés dans une pareille entreprise, qui en tous cas devait être onéreuse pour eux, s'ils n'eussent été convaincus qu'ils ne pouvaient s'y dérober. Les jésuites ajoutaient qu'en 1691, la communauté de Maron, pour obtenir qu'ils se désistassent de leur opposition à l'établissement de la paroisse, avait consenti à les dispenser des obligations qui pourraient leur incomber du chef de cet établissement; c'est à raison de cette décharge, disaient-ils, qu'en 1739, M. Bourlier, curé de Maron, en cela plus sage que Couquot, avait empêché ses ouailles de plaider contre le noviciat. Enfin ils alléguaient qu'en fait, depuis la création de la paroisse, le noviciat n'avait jamais contribué en quoi que ce fût aux dépenses dont étaient tenus les gros décimateurs; la charge de ces dépenses avait été assumée par la communauté, de telle manière que le noviciat, à supposer qu'il eût dû les supporter, s'en trouvait libéré par la prescription.

Sans négliger aucun des arguments de leurs adversaires, c'est surtout contre les deux derniers que les habitants de Maron dirigeaient leurs réponses. D'une part ils mettaient le noviciat au défi de produire la fameuse décharge dont les jésuites faisaient état pour se soustraire à une obligation que leur imposait le droit commun. D'autre part, afin d'échapper au moyen tiré de la prescription, ils déclaraient, non peut-être sans s'écarter quelque peu de la vérité, que depuis 1678, eux-mêmes n'avaient acquitté, au profit de leur église, aucune des dépenses que les lois religieuses et civiles imposaient aux gros décimateurs. Ils ne manquaient pas d'ailleurs de faire remarquer l'énormité de la prétention des jésuites, qui, tirant de la paroisse de Maron un revenu moyen qui atteignait presque

2 000 livres (sans compter le produit du vignoble [1], sis sur le même territoire, que leur avait donné au commencement du xvii° siècle Mme de Lenoncourt), travaillaient à s'exonérer de toute participation à une œuvre aussi importante que la reconstruction de l'église paroissiale.

Le 13 août 1758, une sentence du bailliage de Nancy imposa, avant faire droit, au recteur du noviciat l'obligation de prouver dans la quinzaine, tant par titres que par témoins, que la communauté de Maron avait fait elle-même, à ses frais, les réparations incombant aux décimateurs. Cette sentence inquiéta vivement les jésuites ; car elle leur laissait voir que le tribunal était disposé à les considérer comme soumis aux charges des décimateurs, à moins qu'ils ne démontrassent que la prescription les en avait libérés. Aussi interjetèrent-ils appel de la décision du bailliage devant la Cour souveraine. Au cours de l'instance d'appel, Couquot fut interrogé sur faits et articles ; il était en effet, pour les jésuites, l'instigateur du procès, et, suivant leur expression, le « héros de la pièce ». Cependant la Cour, par arrêt du 23 août 1759, le mit hors de cause et confirma les dispositions principales

---

1. Ils possédaient de ce chef sept jours de vigne (environ 140 arcs), au lieu dit « les Bourelières » ; ils avaient obtenu de Mme de Lenoncourt, en 1611, le droit de vendanger vingt-quatre heures avant les autres propriétaires (Archives de M.-et-M., H, 1920 et 1921). La donatrice, Mme de Lenoncourt, attachée à la personne de Christine de Salm, femme de François de Lorraine, comte de Vaudémont, était la veuve de Jean de Lenoncourt, seigneur de Serre, Maron et Messein, conseiller d'État et chambellan du duc Charles III, qui était mort dès 1595. Elle avait nom Barbe du Puy du Fou.

de la sentence des premiers juges. De plus en plus
menacés, les jésuites comprirent qu'il leur fallait absolument prouver que les charges à propos desquelles
on plaidait avaient toujours été supportées par les habitants. Or la preuve de ce fait ne pouvait guère se
trouver que dans les archives de Maron ; c'est là qu'ils
résolurent de l'aller chercher. C'est pourquoi ils sollicitèrent et obtinrent du bailliage de Nancy un décret
ordonnant un « compulsoire » des papiers de la communauté de Maron et nommant un commissaire pour
y présider.

Le samedi 24 novembre 1759, le magistrat chargé
de ces fonctions se rendit à Maron, accompagné de
M⁰ Gœury, procureur au bailliage, et de M⁰ Verdet,
procureur à la Cour, tous deux hommes d'affaires des
jésuites. Il alla d'abord à la maison du maire, Joseph
Trottot, chez lequel il saisit deux coffres remplis de
papiers qu'il fit transporter dans la demeure du curé [1],
pour les examiner plus à loisir. Mais la besogne promettait d'être longue : pour éviter un séjour prolongé
à Maron, le commissaire, sans s'arrêter à la règle d'après laquelle il n'avait que le droit de faire copier les
originaux sur place, ordonna le transfert au greffe du
bailliage de Nancy d'une quantité considérable de documents. Ses ordres furent exécutés sans délai ; aussitôt le bailliage, sur un référé présenté par les jésuites, autorisa les parties à « retirer » ces documents,

---

1. Le curé dut être fort navré de cet incident. Je n'ai point
trouvé trace de sa conduite à cette occasion : il ne pouvait d'ailleurs pas entraver l'action du magistrat qui exécutait la commission du bailliage.

c'est-à-dire à les emporter à domicile pour en prendre communication, à charge de les rétablir dans les trois jours.

On devine l'émoi des habitants de Maron : pendant plusieurs jours, leurs papiers se trouveraient aux mains de leurs adversaires, qui pourraient s'y forger à loisir des armes contre la communauté. En outre les habitants n'avaient-ils pas à craindre la disparition de quelqu'un de ces documents, plus ou moins exactement inventoriés ? Aussi se hâtèrent-ils d'interjeter appel du décret ordonnant le compulsoire. Ils obtinrent, par arrêt de la Cour souveraine, rendu sur requête le 1er décembre 1759, que les pièces emportées de Maron fussent remises au greffe de la Cour avec les expéditions qui pouvaient en avoir été faites ou seulement commencées. Mais ce ne fut là, pour la communauté, qu'un succès éphémère. Par un arrêt contradictoire du 3 mars 1760, la Cour, rapportant la décision précédente, mit à néant l'appel interjeté par les gens de Maron contre le compulsoire, et renvoya les pièces au greffe du bailliage pour que les intéressés en obtinssent communication. Sans tarder, les habitants de Maron se pourvurent en cassation contre cet arrêt. Ici encore leurs efforts n'aboutirent qu'à une victoire passagère. Si un premier arrêt du Conseil du 19 avril 1760 sembla leur donner entière satisfaction en déclarant nul le compulsoire et en ordonnant la remise des pièces saisies aux représentants de la communauté de Maron, les jésuites firent aussitôt opposition à cet arrêt ; le 13 mai 1760, un arrêt du Conseil admit leur opposition, renvoya les parties à comparaître devant le conseiller rapporteur, et décida que les pièces enlevées à Maron seraient déposées au greffe du Conseil. Les habitants de Maron n'avaient donc pu obtenir qu'elles leur fussent restituées.

La lutte, déjà très vive, l'était devenue plus encore après l'incident du compulsoire. De part et d'autre on échangeait des consultations et des mémoires dont le ton tournait à l'aigre. Les habitants de Maron reprochaient aux jésuites de fouler aux pieds toutes les lois. Des particuliers, disaient-ils, seraient-ils obligés de tolérer qu'à l'occasion d'un procès leur adversaire vînt fouiller dans leurs papiers intimes pour leur ravir les documents dont il se ferait ensuite une arme contre eux? C'est cependant le traitement qui leur a été infligé. Les jésuites ne demeuraient pas en reste avec leurs contradicteurs; ils faisaient remarquer que les archives d'une communauté ne pouvaient être comparées au cabinet d'un particulier, et en concluaient que les documents conservés dans ces archives ne devaient pas être rigoureusement soustraits aux recherches de ceux qui avaient intérêt à les consulter : ils discutaient les uns après les autres vingt-sept documents où ils prétendaient trouver la preuve de la fausseté des allégations de la communauté. Pas n'est besoin de dire qu'ils ne se privaient pas du plaisir de critiquer la conduite de Couquot qui, pour eux, était « l'auteur et l'âme du procès[1] ». En juin 1760, ils produisent un

---

[1]. C'est ainsi qu'en reprochant aux habitants de Maron d'avoir travaillé le dimanche pour hâter la démolition de l'ancienne église, on accusa le curé d'une tolérance regrettable. De même on lui fit un reproche de s'être présenté afin d'obtenir l'adjudi-

mémoire, revêtu de la signature de M. Chenin, avocat au Conseil, pour soutenir leur opposition à l'arrêt du 19 avril; il est à remarquer que ce mémoire passe condamnation sur les irrégularités dont est entaché le compulsoire. En décembre, ils distribuent un mémoire plus complet, qui, cette fois, porte à côté de la signature de M. Chenin celle de M. de Bourgongne, avocat en la Cour. Cependant les habitants de Maron, en ce même mois, livraient au public un mémoire, auquel répondait en avril 1761 un nouveau factum signé Bourgongne et Chenin ; en ce même mois d'avril, les adversaires des jésuites publiaient encore un mémoire, en tête duquel se trouvait une vignette portant cette épigraphe : *Ad veritatis augmentum et inopiæ subsidium.*

Sur ces entrefaites fut mis en circulation un écrit intitulé : *Observations sur les dernières réponses des habitants de Maron.* L'écrit était anonyme : contrairement à l'usage, il ne portait aucune permission d'imprimer. En dépit de ces précautions le mystère fut bien vite percé ; tout Nancy reconnut dans cet écrit l'œuvre d'un jésuite, supérieur de la Mission royale, le P. de Menoux, entraîné sans doute en cette affaire par le désir de venger l'honneur de sa compagnie, qu'entachaient, à son avis, les attaques de ceux qu'on

---

cation des travaux de la nef de la nouvelle église pour un prix de 10 000 livres, alors qu'en réalité ces travaux furent adjugés pour 7 180 livres à Nicolas Boulanger, le 1ᵉʳ avril 1757 (Archives de M.-et-M., H, 1937). — En revanche, les habitants de Maron, se prétendant lésés par le compulsoire et ses suites, demandaient aux jésuites 10 000 livres de dommages-intérêts.

appelait plaisamment les Maronites. Or, ce factum contenait à l'endroit de l'avocat des habitants de Maron, M° de Nicéville, des attaques qui parurent d'autant plus intolérables qu'elles n'étaient point signées[1]. Pour assurer à leur confrère la réparation qu'ils lui jugeaient due, les chefs du barreau déférèrent l'écrit anonyme à la Cour souveraine. Le 13 mai 1761, la Cour, assemblée, entendit la plaidoirie du bâtonnier, M° Olivier, et manda le procureur général; puis, après une longue délibération, elle rendit un arrêt condamnant au feu les *Observations* et ordonnant une information afin d'en rechercher l'auteur. Le soir même, sur la place Carrière, en face de l'hôtel de Craon où siégeait la Cour, l'écrit du P. de Menoux fut brûlé par la main du bourreau. « Il paraît, dit Durival en son *Journal*, que cela fit plus de plaisir que de peine au public. »

Fort avant dans la faveur du roi de Pologne, dont le P. de Menoux était l'homme de confiance, les jésuites ne demeurèrent pas sous le coup de cet affront[2]. Dès le lendemain de l'arrêt de la Cour, le procureur général était mandé à Lunéville, afin de fournir à Stanislas des explications sur ce qui s'était passé la veille. Le 18 mai, le roi de Pologne adressa à la Cour une lettre de cachet pour lui enjoindre de surseoir jusqu'à nouvel ordre à l'information ordonnée par son arrêt.

---

1. Sur ces attaques très vives, voir l'article précité de M. Henri MENGIN.

2. Sur les suites de cette affaire, j'ai emprunté quelques renseignements au *Journal* manuscrit de Durival, conservé à la bibliothèque publique de Nancy.

Le 2 juin, le Conseil d'État recevait la plainte formée par les jésuites à l'encontre des libelles injurieux qu'ils accusaient les défenseurs de Maron d'avoir répandus contre eux, et ordonnait qu'il en serait informé. Enfin le 4 juin, par arrêt du Conseil, Stanislas cassait l'arrêt de la Cour souveraine qui avait condamné au feu les *Observations*, déclarait nulle et non avenue l'exécution qui s'en était suivie, et supprimait, avec les *Observations*, l'épigraphe jugée outrageante d'un écrit de M. de Nicéville, « et les termes injurieux lâchés de part et d'autre ». En somme, mettant à néant l'arrêt de la Cour souveraine, rendu sur la demande du barreau, le Conseil renvoyait les adversaires dos à dos.

C'était évidemment la décision la plus favorable que pussent espérer les jésuites ; mais le barreau s'en trouva profondément blessé. Dès le 5 juin, c'est-à-dire dès le lendemain du dernier arrêt du Conseil, les avocats de Nancy s'abstinrent de paraître au Palais[1] ; la plaidoirie cessa à la Cour souveraine, à la Chambre des comptes et au Bailliage ; on put croire, dit Durival, que la contagion gagnerait la province. Cependant les barreaux de Paris et de Metz, saisis de la querelle des avocats de Nancy, venaient au secours de leurs confrères par des consultations motivées, fort désagréables pour les jésuites et leurs partisans. C'est ainsi que la consultation du barreau de Paris déclarait que le P. de Menoux avait surpris à Stanislas l'arrêt du 4 juin 1761. La Cour souveraine, froissée du

---

1. Durival raconte dans son *Journal* que M. de Nicéville, le plus offensé, fut le seul qui se présenta au Palais, où il devait plaider la cause d'une demoiselle de la Tour.

peu de cas que le Conseil avait fait de sa décision, envoya des députés pour porter au roi de Pologne ses remontrances. Stanislas les reçut mal, ce qui ne contribua pas à arranger les affaires. Grève d'avocats, manifestations des barreaux, mécontentement de la Cour souveraine, suspension du cours de la justice, violentes polémiques entre les amis et les adversaires des jésuites, mouvement d'opinion dépassant les limites de la Lorraine, au moment même où le Parlement de Paris se disposait à engager la lutte décisive contre la célèbre compagnie, et tout cela pour des excès de langage commis au cours d'un débat où cette compagnie n'avait pas le beau rôle, tel était le résultat de la publication des *Observations* du P. de Menoux. Stanislas pouvait à bon droit se demander si les religieux qui lui étaient chers n'avaient pas plus à perdre à tout ce bruit que leurs adversaires les Maronites.

La Galaizière, en tout cas, comprenait les inconvénients de cette situation, dont on ne tarda pas à se préoccuper à Versailles. Il semble, à lire le *Journal* de Durival, que le puissant intendant eût vu sans regret le P. de Menoux prendre l'initiative de démarches conciliantes vis-à-vis de Nicéville et de ses collègues du barreau ; en effet, le 7 et le 9 juin il se défend d'avoir détourné ce religieux « de faire acte d'humilité en faisant visite à M. de Nicéville », et il affirme l'avoir « renvoyé à sa conscience pour ce qu'il devait au défenseur de Maron[1] ». Je ne sais si quelque négociation

---

1. *Journal manuscrit* de DURIVAL. — On lit dans ce document que le 16 juin, M. le chancelier (La Galaizière) écrit de Com-

fut tentée de ce côté ; en tout cas, le conflit se perpétua pendant de longs mois. En vain le roi de Pologne, qui venait de recevoir la visite de ses petites-filles, Mesdames Adélaïde et Victoire, déclarait-il d'un ton attendri, le 18 août, que rien ne manquerait à sa joie si les avocats reprenaient leurs fonctions ; l'Ordre y mit des conditions qui ne furent pas acceptées. Le 12 septembre, le premier président, M. du Rouvrois, se rendit à la Malgrange pour entretenir Stanislas de cette affaire ; le roi, qui se disposait à partir pour Versailles, répondit qu'il prendrait là-dessus des mesures quand il serait en France, où le P. de Menoux le suivit. Je ne sais comment se fit la pacification. Toujours est-il que ce ne fut qu'à l'issue des vacances judiciaires que finit la grève du barreau. Le 12 novembre eut lieu la rentrée de la Cour souveraine, et ce jour-là les avocats reparurent à la barre. Les audiences des tribunaux

---

mercy au premier avocat général de la Cour souveraine de tâcher de ramener les avocats à leurs fonctions. — Le dimanche 21 juin, dit encore Durival, le sieur Jacquemin, avocat, est parti pour Paris de la part de l'ordre des avocats, pour l'affaire de la cessation. Le sieur Rheyno (autre avocat), pendant ce temps-là, est allé à Metz, dont il est déjà de retour. — Le 18 juillet, les députés de la Cour souveraine (favorables au barreau) vont porter au roi de Pologne les remontrances de la Cour sur l'affaire des avocats et du P. de Menoux ; « ils sont mal reçus ». Le 10 août, Durival note qu'on reçoit des exemplaires des arrêts du Parlement de Paris contre les jésuites, du 6 août. Le mémoire du P. de Menoux se distribuait à Paris dans ces circonstances. Le 28 août, « M. le chancelier retourne à Lunéville, à cause de certains arrangements proposés sur l'affaire des avocats, qui lui paraissaient peu décents et n'étaient point de son goût ». Le 12 septembre, la consultation des avocats de Metz, en réponse au dernier mémoire du P. de Menoux, se répand à Nancy.

de Nancy avaient été suspendues pendant plus de cinq mois.

Au cours de cette retentissante querelle, le procès des habitants de Maron contre les jésuites avait passé au second plan. Quand elle fut terminée, il semble que de hautes influences aient paralysé la reprise du procès, tant on craignait le renouvellement des incidents qui avaient passionné le débat : j'imagine que le roi de Pologne en particulier devait désirer ardemment que les intéressés ne le poussassent pas plus avant. Quelques années plus tard, en 1766, Stanislas mourait ; peu après la Compagnie de Jésus était abolie en Lorraine, comme elle l'avait été en France. Cependant le procès de Maron dormait toujours, encore qu'il eût pu être repris contre la liquidation des jésuites. En 1768, Couquot s'en plaignait en ces termes : « La prétention formée par les jésuites, pour s'exempter de toute contribution à la construction de l'église, qui paraît si ridicule, ne laisse pas de former de grandes difficultés ; soit titre, soit prescription, soit adresse et chicane, soit coup d'autorité en leur faveur, la chose ayant été discutée pendant plus de dix grandes audiences à la Cour souveraine de Nancy est encore restée indécise. Les habitants de Maron, par un mystère qui m'est inconnu, n'ont pas remué cette affaire ni pendant ni après la dissolution des jésuites... Voilà comment les communautés se font souvent tort par leur négligence ; l'exemption et la décharge que les jésuites disaient que les habitants leur en avaient donnée est si chimérique que jamais ils n'ont pu la prouver ! »

Couquot avait tort de désespérer de la cause qu'il avait faite sienne par ses efforts et ses sacrifices. Le 12 juillet 1773, un arrêt de la Cour souveraine assura définitivement la victoire aux habitants de Maron. L'économe-séquestre des biens des ci-devant jésuites fut condamné à leur rembourser le prix des ouvrages faits pour la nef et le chœur, suivant le plan adopté le 27 août 1756, en tant que ces ouvrages étaient à la charge des gros décimateurs[1]. Seize ans s'étaient écoulés depuis l'ouverture du procès; pour les habitants de Maron, la justice était venue *pede claudo*, mais enfin elle était venue[2].

Avant de quitter sa paroisse (il devait se retirer l'année suivante), Couquot eut donc la joie de démontrer à ses paroissiens qu'en les poussant à réclamer la contribution des jésuites, il leur avait donné un conseil qui ne méritait point d'être taxé de témérité. Les habitants de Maron lui en furent, je le crains, médiocrement reconnaissants. Quelques années après qu'il eut quitté la paroisse, ils le poursuivirent devant les tribunaux, auxquels ils demandaient de déterminer la part revenant à la fabrique dans les fondations faites de son temps[3]. Lorsque, dix ans plus tard, son successeur Jean-Claude Hussenot eut accepté la constitution civile du clergé, Couquot essaya, comme on l'a

---

1. Archives de M.-et-M., H, 1938.
2. En 1783, l'arrêt de 1773 était toujours observé. Les chanoines réguliers de Notre-Sauveur (successeurs des jésuites) firent alors refaire la toiture de la nef de l'église de Maron (Archives de M.-et-M., H, 1928).
3. Archives de M.-et-M., G, 1071.

dit plus haut, de combattre son influence à Maron ; or Hussenot déclara ne pas craindre l'hostilité de Couquot, dont la mémoire n'était point en bénédiction dans la paroisse. C'est qu'en effet les souvenirs qui se sont transmis de générations en générations jusqu'à une époque voisine de la nôtre représentent Couquot comme un pasteur sévère et rigide. Nous avons des motifs sérieux de le tenir pour un prêtre dévoué, vigilant et actif ; mais aussi paraît-il vraisemblable qu'il manqua de ces qualités aimables qui gagnent les cœurs et assurent une influence durable [1].

VI

J'arrête ici cette esquisse de la biographie d'un curé lorrain qui ne fut ni des moins intelligents ni des moins dévoués. Sans doute, en lisant ces pages, aussi

---

1. Couquot mourut quelques mois avant l'époque où le conseil général de la commune de Maron, composé sans doute d'hommes auxquels il avait donné l'instruction religieuse, décida que la sonnerie quotidienne du matin, de midi et du soir serait faite de telle manière qu'elle ne rappellerait en rien le culte ; à ce même jour, examinant un candidat au poste d'instituteur, le conseil le trouvait « capable à remplir ses fonctions, pour désabuser la jeunesse de l'ancienne superstition et ne leur montrer que la morale et le triomphe de la raison » (Registre des délibérations, 10 pluviôse an II ; Archives communales). Douze jours après, la croix disparaissait du clocher de l'église que Couquot avait fait construire (*Ibid.*). Il faut dire à la décharge des gens de Maron qu'ils n'en faisaient ni plus ni moins que beaucoup d'autres ; ces mesures, qui ne répondaient pas aux sentiments du pays, étaient la conséquence de l'action du représentant du peuple en mission à l'armée de la Moselle, Balthazar Faure. Sur le zèle de Balthazar Faure à proscrire les emblèmes extérieurs du culte, voir AULARD, *Recueil des actes du comité de salut public*, X, p. 279 et 408 ; Faure avait pris en ce sens un arrêté le 27 nivôse.

bien que les notes rédigées par Couquot, le lecteur sera-t-il frappé de quelques traits qui éclairent la suite de l'histoire de l'Église de France.

Il remarquera, tout d'abord, la défiance dont le curé de Maron fait preuve à l'égard de Drouas, qui fut cependant un évêque animé d'intentions pures et d'un zèle ardent. Cette défiance est un mal très répandu parmi le bas clergé du xviii° siècle ; elle était une conséquence fatale de ce fait que trop souvent le pauvre curé à portion congrue sentait un abîme entre lui et l'évêque noble et opulent qu'il apercevait de loin [1]. Contre les excès de pouvoir dont il est ou se croit victime, aussi bien d'ailleurs que contre les usurpations qu'il redoute de la part des chanoines ou des réguliers, le curé cherche un refuge dans les décisions des tribunaux séculiers : c'est ainsi qu'à tout moment, il provoque l'intervention du souverain dans l'Église. Attendez vingt ans, et vous verrez les résultats de ces dispositions. « De toutes parts les curés se confédéreront pour n'envoyer aux États généraux que des curés, et pour en exclure, non seulement les chanoines, les abbés, les prieurs et les autres bénéficiers, mais encore les chefs de la hiérarchie, c'est-à-dire les évêques [2]. » Les meneurs de l'Assemblée constituante, légistes habitués à connaître des réclamations du

---

1. Cf. abbé Sicard, *L'Ancien clergé de France*, I, *les Évêques avant la Révolution*, p. 307 et s.

2. Cf. Taine, *l'Ancien Régime* (7° édition), p. 99, et les citations qui y sont faites. Sur la conduite du clergé lorrain en cette circonstance, cf. abbé L. Jérôme, *Les Élections et les cahiers du clergé lorrain aux États généraux de 1789* (Paris-Nancy, 1899), p. 17 et s.

clergé, se croiront tout naturellement désignés pour réformer l'Église de France ; quand il s'agira de faire accepter leur constitution civile, ils compteront sur les sentiments d'hostilité et de jalousie dont ils savent les curés animés. Sous toutes les formes et de toutes les manières les partisans de la constitution répéteront « qu'elle a justement rapproché la distance que d'inconcevables abus, contre l'institution divine, avaient mise entre les évêques et les curés[1] ». Sans doute ils n'arriveront pas à leurs fins ; mais ils n'eussent même pas tenté de réaliser leur projet, plus funeste à la France encore qu'à l'Église, s'ils ne s'y fussent crus encouragés par les dispositions du clergé inférieur.

Une autre tendance, trop répandue parmi le clergé de France, éclate dans les notes de Couquot ; c'est le rigorisme dont il fait preuve dans le gouvernement des âmes. Remarquez que Couquot ne proscrit pas, avec les Jansénistes, la communion répétée pendant l'année ; et cependant ses sympathies vont au théologien janséniste Habert, qu'il est très marri de voir supplanté par Collet[2]. Il y a là, semble-t-il, quelque incohérence dans la doctrine du curé de Maron. En pratique, il est évidemment sévère ; ce n'est pas lui qui allégera le fardeau que les règles de la morale

---

1. Je relève cette phrase, qui exprime si bien les sentiments du temps, dans un discours adressé à Marbos, évêque constitutionnel de la Drôme, au lendemain de son élection, en février 1791, par le représentant de la Société des Amis de la Constitution. Ce discours est reproduit dans le *Journal d'un bourgeois de Valence*, œuvre posthume d'Adolphe Rochas, mise en ordre et publiée par un vieux bibliophile dauphinois (M. E. Chaper), I, p. 98.

2. Voir ci-dessus, p. 10.

chrétienne imposent à l'humanité déchue. Ce sont ces préjugés que nombre de prêtres, qui les conserveront pendant la Révolution, transmettront à l'Église issue du Concordat. En lisant les écrits de Couquot, on songe involontairement à ce clergé français de la première moitié du xix° siècle, dont Grégoire XVI, tout en en reconnaissant les hautes qualités, disait qu'il semblait s'attacher à rétrécir la voie du ciel, déjà si étroite [1]. Sans doute le rigorisme a de nos jours disparu de l'Église de France, mais non sans avoir largement contribué à introduire dans la masse de la nation l'infidélité pratique qui y a amené un abaissement du christianisme.

Un dernier fait se dégage des notes de Couquot aussi bien que d'innombrables et irrécusables témoignages : c'est la répartition défectueuse de la dîme. A la fin du xviii° siècle, l'opinion ne comprendra plus ces gros décimateurs étrangers à la paroisse, qui, comme les jésuites à Maron, prélèvent la meilleure portion de la dîme, sans supporter leur part des charges locales ; elle demandera instamment, selon les expressions d'un des cahiers lorrains, « qu'on rappelle les dîmes à l'esprit de leur institution, qui en fait le patrimoine de chaque église [2] ». Au surplus les cahiers de 1789 sont unanimes à solliciter l'amélioration du sort

---

1. Ce mot m'a été souvent répété par mon vénérable collègue M. Paul Lamache, professeur à la Faculté de droit de Grenoble, l'un des fondateurs de la Société de Saint-Vincent de Paul. Je ne doute point de son authenticité.

2. Cahier du Tiers-État de Toul, dans les *Archives parlementaires*, VI, p. 12; cf. Léon DE PONCINS, *Les Cahiers de 89*, p. 180.

des curés, afin « que ces ministres, si laborieux et si utiles, ne soient plus exposés à manquer des moyens de subsistance les plus nécessaires[1] »; souvent les électeurs réclament pour eux une augmentation notable de la portion congrue, sauf à supprimer le casuel, « cette rétribution sordide », comme l'appelle le Tiers-État de Toul[2]. Visiblement les esprits sont préoccupés des inconvénients que présente tout système créant une opposition d'intérêts pécuniaires entre le curé et ses ouailles; si l'on n'ose demander l'abolition complète de la dîme, les sympathies de l'opinion vont à un régime permettant au curé de tirer ses ressources ordinaires du patrimoine ecclésiastique ou du Trésor royal, sans avoir à exiger directement aucune rétribution de ses paroissiens. Sur ce point, je dois reconnaître que les notes de Couquot ne font nullement pressentir le mouvement des esprits qu'attesteront les cahiers. Elles n'en sont pas moins, à mon sens, très suggestives sur une foule de questions et marquent nettement les dispositions d'une fraction des curés lorrains; c'est pourquoi j'ose espérer qu'on me pardonnera de les avoir tirées de l'obscurité profonde où elles étaient ensevelies.

---

1. Cahier du clergé de Paris; *Archives parlementaires*, V. p. 264.

2. Voir sur la suppression du casuel, outre le cahier du Tiers de Toul, une foule de textes, comme, par exemple, le cahier du Tiers de Pont-à-Mousson. (*Archives parlementaires*, II, p. 233.) Cf. Léon de Poncins, *op. cit.*, p. 175 ; L. Jérôme, *Les Élections et les cahiers du clergé lorrain*, p. 163. On comprend que le casuel ait été supprimé par les lois qui règlèrent l'organisation du clergé constitutionnel.

NOTES DU CURÉ COUQUOT

I. — Usages de la paroisse de Maron

Pour remplir les cinq feuilles qui restent de ce registre[1], j'ai cru qu'il serait de quelque bien d'y rapporter les usages qui méritent d'y être conservés pour le bien spirituel de cette paroisse.

J'ai remarqué comme un défaut les changements que font les évêques dans leurs diocèses et les curés dans leurs paroisses en y arrivant : *Nihil innovetur præter id quod a patribus traditum est*, cette règle est sage ; et c'est parce qu'on ne l'observe pas qu'on voit tant de sottises et tant d'abus s'introduire insensiblement. Il n'est pas même de la prudence de vouloir déraciner tout d'un coup les abus qu'on trouverait dans une paroisse. Il faut le faire peu à peu et s'acquérir auparavant la confiance de ses paroissiens ; c'était la pratique de saint Augustin et de tous les grands hommes de l'antiquité ; ils n'entreprenaient rien qu'ils ne fussent comme sûrs de leur coup.

Comme le plus grand bien d'une paroisse, c'est l'instruction, surtout de la jeunesse, parce que les impressions de l'enfance durent toujours (on retient jusqu'au tombeau ce qu'on apprend au berceau), je me suis appliqué à conserver ici les bons usages que j'ai trouvés ou établis à ce sujet. J'ai exigé des enfants qu'ils sussent tout le petit ca-

---

1. Cette note se trouve dans les registres paroissiaux conservés à la mairie de Maron, à la suite des actes de l'année 1769. Je la publie en en rectifiant l'orthographe, quand cela semble nécessaire. Pour éviter de donner à cette publication une étendue trop considérable, j'ai omis de reproduire les passages qui m'ont paru présenter moins d'intérêt ; j'en ai résumé quelques-uns.

téchisme de Toul, surtout les actes de contrition, de foi, d'espérance et de charité, pour être reçus à la première communion ; on est habitué à cette pratique ; il est bon de la conserver et d'être ferme là-dessus. Pour cela, outre qu'ils vont à l'école régulièrement, du moins depuis la Toussaint jusqu'à Pâques, sans quoi ils ne seraient pas reçus, ils y vont encore le dimanche depuis le premier coup de vêpres jusqu'au second, y répéter le catéchisme qu'ils ont appris pendant la semaine, et cela pendant toute l'année et à toutes les fêtes ; et depuis le second coup de vêpres jusqu'au dernier, le catéchisme se fait à l'église où une bonne partie de la paroisse se trouve, où je leur explique et fais (sic) concevoir ce qu'ils ont appris. Mais l'essentiel, c'est la première communion. Un enfant qui a appris à craindre Dieu, à se bien confesser, à n'approcher des sacrements qu'avec une sainte frayeur, s'en sent toute sa vie. C'est là aussi où je donnais tous mes soins, et voici quels en sont les usages :

1° Comme la plupart des enfants avant la première communion ne sont guère en état de recevoir l'absolution, faute de disposition, faute de connaissance de ce qui est nécessaire pour la contrition, il est donc indispensable de leur faire faire une confession générale pour leur première communion, et je suis surpris qu'il y ait des curés qui ne la fassent pas. Je ne vois pas quelle certitude de l'état de la conscience de ces enfants on peut avoir sans cela. D'ailleurs on doit leur apprendre à se bien confesser. C'est donc l'usage et la pratique dans cette paroisse. Pour cela je vois, dès le commencement du carême, qui sont les enfants qui pourront faire leur première communion, et dès environ la mi-carême, ils viennent se confesser toutes les semaines. La première confession (va) depuis Pâques dernier jusqu'à ce temps, afin que, s'il se trouvait quelques mauvaises habitudes, on ait le temps d'y remédier et de les mettre en état de communier à Quasimodo ; la deuxième, depuis l'âge d'environ sept ans, c'est-à-dire depuis qu'ils ont connaissance d'avoir fait du mal, jusqu'à vers dix ans, ne faisant leur confession que d'un ou de deux ans à la fois ; la troisième depuis environ dix ans jusqu'à Pâques dernier ; la quatrième pour s'examiner s'ils n'ont rien oublié et pouvoir revenir s'en confesser ; enfin la cinquième, la veille de Quasimodo, pour venir recevoir la pénitence et l'absolution, pendant lequel temps on a celui de leur expliquer et de les mettre dans les dispositions nécessaires pour la recevoir.

Couquot indique ici les moyens qu'il prend pour parfaire la formation religieuse des enfants. Le principal consiste à leur faire renouveler leur première communion l'année suivante, à Quasimodo ; jusqu'alors ils fréquentent le catéchisme. Au cours de cette année, ils ont coutume de se confesser à leur curé la veille de la Pentecôte, le jour de la fête de la Congrégation des hommes (troisième dimanche de juillet), le jour de la fête patronale en septembre [1], le jour de la Conception et le premier dimanche de Carême. Couquot fait aussi connaître le procédé qu'il emploie pour graver dans la mémoire des enfants les actes de contrition, de foi, d'espérance et de charité ; lors de leur première communion, pour pénitence, il leur impose de réciter ces actes matin et soir pendant un an.

2° Il y a ici deux congrégations, l'une d'hommes et l'autre de filles ; l'usage est que les hommes s'assemblent à l'église depuis le premier coup de la messe jusqu'au second, où ils récitent matines et laudes de la Vierge, ensuite de quoi on leur lit un chapitre de l'histoire de la Bible par Royaumont [2] ; et les filles s'assemblent de même depuis

---

1. Je ne sais à quoi répond cette fête. Le patron de Maron est saint Gengoult, dont la fête est célébrée le 11 mai.

2. Il s'agit ici de l'ouvrage, si répandu au xviii° siècle, connu sous le titre de *Histoire du vieux et du nouveau Testament, avec des explications édifiantes tirées des Saints Pères*, par le sieur de ROYAUMONT, prieur de Sombreval. Ce nom est un pseudonyme ; l'auteur est Nicolas FONTAINE, théologien janséniste, mort en 1709 ; l'ouvrage a été attribué à Le Maistre de Sacy. Il en a été donné de nombreuses éditions.

le premier coup de vêpres jusqu'au second, chantant les vêpres de la Vierge, ensuite un cantique, et font une lecture semblable à celle qui se fait à la congrégation des hommes.

Le but de ces congrégations, outre que cela fait que les congréganistes sont un peu plus retenus dans leur conduite, est surtout l'instruction qu'ils reçoivent par le moyen de ces lectures qu'on y fait; et un curé ferait bien d'y aller de temps en temps y dire un mot d'édification, surtout en certaines fêtes où personne ne se confesse; d'ailleurs cela entretient la dévotion envers la Sainte Vierge, qui a toujours été recommandée par les Saints Pères, et par là la prière s'entretient dans une paroisse, et le soulagement des défunts y trouve son compte, puisqu'ils ont coutume de faire célébrer un service pour le repos de l'âme de chaque confrère.

3° Un autre usage pour le moins aussi important, pour ne pas dire plus, que ceux dont je viens de parler, est d'engager les mourants qui, jusque-là, ne se sont jamais confessés à leur curé, à faire une petite revue sur le passé, à se confesser des plus gros péchés de toute leur vie. Je l'ai fait pendant vingt-cinq ans, et je puis dire devant Dieu que la plupart en avaient besoin, que plusieurs même seraient morts dans un triste état sans cela; combien de gens trompent leur conscience et s'aveuglent jusqu'à ne pas se confesser d'horreurs dont ils ne se font aucun scrupule, et qui, sans l'adresse et le zèle d'un curé éclairé, mourraient dans ce triste état! Il y a de très sages et très vertueux religieux qui vont confesser dans les paroisses; heureux les curés qui savent les ménager et s'en servir! Quel bien pour une paroisse! Mais il y en a aussi qui sont de vrais ignorants, de vrais relâchés et sans religion; et ce sont de tels confesseurs que cherchent les scélérats d'une paroisse, et se précipitent avec eux dans une damnation trop certaine; il n'est donc pas étonnant qu'il se trouve dans les paroisses de ces sortes de pestes, capables de corrompre les autres, si un curé n'y prend garde et ne s'élève avec fermeté contre les scandales de pareilles gens, mais surtout s'il n'a l'attention d'attirer dans sa paroisse de ces bons religieux éclairés et zélés, pour servir de contrepoids à ces loups dangereux, indignes d'une fonction si sainte. Mais comme on ne peut remédier à tout, le moins qu'on puisse faire, et je m'en suis toujours bien trouvé, est du moins de faire faire une revue et de se confesser des plus gros péchés de leur vie passée à ceux dont ils ne connaissent pas les consciences. Ce n'est pas seulement à la première communion et à l'heure de la mort qu'on doit mettre en pratique ces sortes de confessions générales, mais aussi à l'occasion du mariage et du jubilé; je l'ai fait bien des fois, et l'expérience m'a appris que j'avais eu raison.

4° Un autre usage que j'ai établi pour les mariages est de confesser les futurs mariés qui s'adressent à moi pour cela, deux ou trois jours après leurs fiançailles[1], sans attendre, comme la plupart des curés le font, le samedi de devant leur mariage; on y est accoutumé, et on ne trouve pas cela ridicule; un curé qui en saura la raison ne manquera pas de suivre un usage établi aussi prudemment.

. . . .

5° Depuis plus de vingt ans[2], je me réserve pour les Pâques les « Paquins », c'est-à-dire ceux et celles qui ne se seraient pas confessés depuis Pâques dernier; ceux qui iraient boire au cabaret dans le lieu de leur demeure pendant le carême, et les cabaretiers et cabaretières qui leur donneraient à boire dans leur cabaret pendant ce temps; et enfin les hommes ou garçons qui iraient dans les assem-

---

1. Il paraît résulter de l'examen des registres paroissiaux que Couquot tendit à obtenir que les fiançailles fussent célébrées dix ou douze jours avant le mariage, et non, comme il arrivait souvent, la veille ou la surveille. Sans doute mettait-il à profit l'intervalle entre les deux cérémonies pour préparer les fiancés.

2. Sur la manière d'agir de Couquot à propos des Pâques, voir ce qui est dit plus haut, p. 7 et 8.

blées que les femmes et les filles font pendant l'hiver, pour veiller et travailler ensemble, ce qu'ils appellent des *poeilles*. Que de crimes et d'abus j'ai trouvés dans cette paroisse en y arrivant, à l'occasion de ces trois abus ! Dieu merci, j'en suis venu à bout avec bien des peines ; ils ont cessé enfin ; les choses sont sur un bon pied, il n'est plus question que d'entretenir. A une personne qui n'en sentirait pas les conséquences, je n'aurais qu'à représenter les choses telles que je les ai trouvées à mon arrivée dans cette cure.

Sur le premier. Un grand nombre n'approchaient des sacrements qu'à Pâques, et comment ? Dans quelle disposition ? Et quelle vie ? Cela n'est pas étonnant. Ils étaient entretenus dans cet abus par un ignorant confesseur qui était depuis bien des années comme l'apôtre de cette paroisse, qui prétendait que ces gens étaient en règle et que l'Église n'en exigeait pas davantage. Je renvoyai le docteur pernicieux dans son cloître, et je leur enseignai dans des prônes faits exprès une doctrine toute contraire, leur prouvant que l'Église, par ces paroles, *à tout le moins une fois l'an*, mettait seulement une barrière à l'impiété des mauvais chrétiens, à leur paresse spirituelle et à la négligence du salut ; leur prouvant qu'une personne qui se ferait une pratique de n'approcher des sacrements qu'à Pâques est indigne d'en approcher à Pâques ; leur prouvant la nécessité de la fréquente confession et de la fréquente communion pour vivre en chrétien et assurer son salut. Enfin je vins à bout de leur persuader l'abus, de sorte qu'actuellement le nombre des Pâquins est bien petit, et il est assez rare d'en trouver, tout cela par le moyen de cette réserve. Si l'on cesse d'employer ce moyen, on verra bientôt le même abus renaître ; il ne s'en trouve que trop qui, sans ces avertissements, ces sollicitations, oublieraient leur devoir et resteraient tranquilles dans leur léthargie spirituelle. Qu'il serait à souhaiter qu'on pût confesser toute sa paroisse ! Je ne sais point d'occasion plus favorable pour faire entendre raison, pour remédier au mal qui se glisse dans une paroisse, pour trouver les gens plus disposés à suivre les avis charitables dont ils ont besoin ; c'est là enfin où l'on peut faire du fruit, tandis qu'il ne se trouve que trop de confesseurs qui laissent les mauvaises habitudes, les crimes, les désordres se perpétuer.

Sur le second. Les cabarets[1] sont une source abominable de désordres, d'impiétés, de libertinages, de ruines et de mauvais ménages. Je dis qu'un homme qui est dans l'habitude de les fréquenter est indigne d'absolution, cette habitude ne pouvant être excusée de péché mortel. Si la loi du souverain sur la fréquentation des cabarets était suivie, on abolirait un des grands désordres de la société ; mais malheureusement ceux qui sont chargés de la manutention des lois n'ont pas assez ou de lumières pour en connaître la gravité, ou assez de délicatesse de conscience pour se faire sur cette matière les justes scrupules qu'ils devraient avoir. L'impunité suffit au crime pour se montrer avec audace ; un curé ne peut que gémir sur tant d'abus, et, ne pouvant remédier à tout, il doit au moins empêcher ce qu'il peut. Si la fréquentation des cabarets dans son propre lieu est un péché dans tous les temps, elle ne peut être moins qu'un crime dans le saint temps de carême, et c'est une raison à un curé d'employer les moyens qu'il a dans la main pour tâcher de l'empêcher ; or il a certainement droit de confesser ses paroissiens une fois l'année, ou qu'on brûle les conciles et tous les catéchismes. Quand l'emploiera-t-il, ce moyen, si ce n'est vis-à-vis certains pécheurs publics scandaleux qui foulent aux pieds les lois de l'Église et de leur souverain ? Vu le désordre tel que je l'ai trouvé ici, pouvais-je moins faire que de me réserver de pareilles gens ? Je n'ai pas cru pouvoir en conscience m'en dispenser, et Dieu, qui bénit toujours les desseins sages et prudents qui n'ont d'autre vue que sa gloire, m'a fait la grâce d'y réussir ; autant la fré-

---

1. Voir ci-dessus, p. 20.

quentation des cabarets pendant le carême était commune, autant elle est rare à présent ; si je ne puis l'empêcher dans les autres temps de l'année, du moins on n'y va plus pendant le carême. Le moyen que j'ai employé pour cela a réussi ; je dis qu'on doit donc le continuer. Ce serait un mal pour cette paroisse de ne pas le faire, l'usage étant bien établi : *Usus amittitur per non usum.*

Sur le troisième. L'abus était tel que ces assemblées[1] étaient comme le rendez-vous des garçons avec mille libertines qui, loin d'être sages, ne rougissaient pas même de paraître impudiques ; mais je rougirais de rapporter ici les discours infâmes, les chansons abominables qui en faisaient le plaisir. Quelle instruction ! quelle école ! quel exemple pour tant de jeunes filles qui se trouvent dans ces assemblées ! Sous prétexte de sortir pour quelque besoin, ces libertines sortant suivies de ces garçons, de quoi étaient-elles capables à la faveur des ténèbres ? J'ai fait cesser ces désordres ; on n'en souffre plus dans ces assemblées, du moins l'innocence n'est plus si exposée ; si quelques libertines courent encore la nuit, c'est la faute des pères et mères et des maîtres. Qu'un curé fasse donc tous ses efforts pour empêcher ce dernier désordre, qu'il soit plus heureux que moi pour persuader combien il est indécent à une fille de se trouver seule avec des garçons au milieu des rues pendant la nuit, qu'on a droit de la regarder comme une aventurière qui cherche quelque bonne fortune. Malheureusement les gens de campagne ne sont pas susceptibles de délicatesse, d'honneur, et sont trop grossiers pour pouvoir apercevoir les conséquences de semblables abus. C'est beaucoup que je sois venu à bout d'empêcher les désordres de ces assemblées en me les réservant ; et *puisque par là l'usage contraire a prévalu, il est donc bon de le continuer.* Mes vœux vont plus loin. Je souhaite que mes successeurs trouvent le moyen d'empêcher ces courses

---

1. Voir ci-dessus, p. 20.

de nuit de garçons et de filles, du moins des filles ; celles-ci ne sortant pas, les autres se tiendraient chez eux.

On m'objectera peut-être que ces sortes de réserves font commettre des sacrilèges. J'avoue qu'un ou deux scélérats se sont moqués de ces réserves et ont tombé dans ce crime ; j'avoue encore que quelqu'un des Pâquins peut prendre occasion de là et ne plus faire de Pâques, ce qui ne serait pas un grand malheur pour lui ; car il vaudrait mieux qu'il n'approchât jamais des sacrements que de commettre un sacrilège qui peut mettre le sceau à sa réprobation. Ce n'est pas à faire faire des Pâques telles quelles qu'un curé doit s'appliquer, mais à en faire faire de bonnes, et on n'y doit pas solliciter une personne qui vit dans le crime, mais à changer de vie. Ainsi l'objection n'a que du spécieux, parce que le sacrilège qu'un ou deux peut commettre ne vient point d'un usage qui opère un si grand bien dans cette paroisse, mais du libertinage de son cœur ; son impiété étant telle, aurait-il mieux communié sans cela ? Cet usage n'en est donc pas la cause, mais seulement l'occasion ; et si c'était une raison pour l'abolir, il faudrait abolir toutes les lois, même celles de Dieu ; en est-il une seule qui ne soit une occasion de chute et de transgression pour plusieurs ? Le but des lois est le bien public ; quand elles n'ont point d'autres motifs et qu'elles le procurent, elles sont bonnes et obligent en conscience, quand même elles nuiraient à quelques particuliers ; c'est là aussi ce qu'un curé doit envisager dans les établissements et usages qui se trouvent dans une paroisse. Il n'est pas bien difficile, après ce que j'ai dit, de remarquer le bien que ces trois défenses ont procuré et procurent dans cette paroisse : faut-il, pour un ou deux qui en abusent, abolir un usage qui opère le salut d'un grand nombre et empêche des scandales considérables ? Le bien public doit être préféré au particulier. D'ailleurs, quand même ces usages n'existeraient plus, de pareilles gens n'en vivraient pas mieux ; il y en a de tellement corrompus, même de familles, que tous les moyens possibles ne peuvent rien faire sur eux. Mais, si on ne peut pas les guérir, il faut du moins empêcher leur contagion et que les autres ne se corrompent à leur exemple, et c'est du moins ce qu'opèrent ces défenses.

Dira-t-on que les consciences doivent être libres et que ces usages sont de vrais abus? Cette objection n'a rien que de frivole. Elle est plutôt la voix de l'ignorance, du libertinage, que de la liberté des consciences; c'est cependant le grand argument, non seulement des gens du monde, mais des mauvais confesseurs, qui ne seraient pas si amateurs de la direction des consciences s'ils en connaissaient mieux les dangers, et le tort que leur ignorance fait à la religion. Les uns et les autres ne voient pas que c'est l'Église même qu'ils attaquent, comme si, en ordonnant de se confesser à son propre prêtre [1], par lequel les conciles entendent le curé, l'évêque et le pape, elle établissait des abus ou qu'elle ignorât jusqu'où doit aller cette liberté des consciences. Il n'y a que des mauvais chrétiens qui refusent la direction de ceux que Dieu lui-même leur a donnés pour directeurs et pasteurs de leurs âmes ; un chrétien bien instruit et qui s'occupe de son salut préférera toujours ses pasteurs aux mercenaires. Mais il s'en faut de beaucoup que la conduite dont je parle soit telle qu'ils se l'imaginent. Je connais trop la faiblesse humaine et le danger de commettre des sacrilèges, pour y donner occasion ; quand je dis que je me réserve certaines personnes, et c'est ce que j'ai grand soin d'expliquer quand je le dis, je ne prétends pas qu'ils doivent se confesser à moi, mais qu'ils ne peuvent s'aller confesser ailleurs sans m'en avoir demandé la permission, ce que, selon le concile de Latran, j'aurais droit de faire, quand même ils ne seraient pas tombés dans les désordres pour lesquels je l'exige ; que faute de l'avoir demandée, cette permission, un confesseur

---

1. Sur ce point de discipline, voir ci-dessus, p. 18 et s.

étranger ne peut les absoudre ; s'ils le trompent, l'absolution est nulle. Cette décision est fondée sur les canons, sur les rituels, et sur le sentiment unanime des théologiens et des casuistes. Si un curé a le droit de le faire, il ne le fait pas sans raisons ; en exigeant que de pareilles gens viennent lui demander cette permission, il n'a d'autre vue que d'avoir occasion de leur faire ouvrir les yeux sur de semblables désordres et de leur en faire connaître la gravité qui ne leur est pas assez connue, ni à ces guides étrangers qui souvent ne leur en font aucun scrupule. Il n'y a rien en cela de ridicule ni d'abusif, comme on le voit. Si c'est une peine pour eux d'y être obligés, ils doivent se l'imputer. Pourquoi se mettent-ils dans le cas ? Comme ceux qui encourent un cas réservé doivent subir la peine de se confesser à un confesseur qui ait les cas réservés, peine qu'ils n'auraient pas s'ils ne s'étaient pas mis dans le cas, ce qui n'empêche pas que la loi de la réserve ne soit très sage et nécessaire pour empêcher des désordres, il en est de même ici ; il n'y a donc ni abus ni ridiculité (*sic*) ; et le fruit que cela fait dans une paroisse, en fait assez connaître la sagesse et la nécessité.

6° Couquot mentionne ici, en le recommandant, l'usage de confesser, le Vendredi-Saint, les petits enfants et de leur donner la bénédiction.

7° J'ai trouvé établi dans cette paroisse un ancien usage qui est qu'à midi, les dimanches et fêtes, un grand nombre s'assemblent à l'église, où le maître d'école chante avec eux des antiennes de la Vierge, du patron, etc. ; je n'y ai trouvé jusqu'ici aucun inconvénient que je sache, et dès qu'il est du goût d'un grand nombre, on peut les laisser faire. Peut-être serait-il mieux d'abréger quelques-unes de ces prières, et de donner au maître d'école une petite lecture de piété à faire à la fin de cette prière. Mais n'y aurait-il pas du danger que cela se tourne en abus ? *Oportet sa-*

pere ad sobrietatem. Je crois qu'on peut les laisser faire, et c'est tout, sans rien innover.

8° J'ai eu toutes les peines d'abolir un ancien abus, qui était bien en vigueur, quand je suis venu ici, qui était de sonner en mort toute la nuit de la fête de Tous les Saints jusqu'au lendemain. J'ai employé douceur, représentations, raisons, enfin autorité et menaces pour faire cesser cet abus. L'usage actuel depuis plusieurs années est de cesser de sonner à neuf heures et même auparavant, et de ne recommencer le lendemain qu'entre cinq et six heures. Outre l'abus, on sent assez le ridicule et l'inconvénient de cette vieille routine que j'ai abolie; il est donc de la prudence d'un curé de ne pas permettre qu'on la rétablisse jamais, ne fût-ce que pour bannir de la paroisse les folies, la dissipation et mille autres sottises qui étaient les suites et les compagnes d'un abus de lui-même insupportable.

Quoiqu'il soit d'usage de toute l'Église de faire un petit bruit après les Ténèbres de la Semaine Sainte, j'ai été obligé d'introduire un usage tout contraire, qui est de sortir sans bruit et dans un profond silence, pour empêcher un désordre qui allait jusqu'au scandale, qui est que tous les jeunes gens y allaient avec des marteaux, frappaient sur les bancs, après les confessionnaux, après les portes, et brisaient tout, et, sous ce prétexte, emportaient des clous dans leurs poches, clouaient les habits des uns et des autres après les bancs, ce qui souvent était cause qu'ils en venaient à se battre, même à l'église. On sent assez le ridicule, le scandale, le trouble, l'impiété d'une telle conduite. Je suis surpris que mes prédécesseurs l'aient laissé régner jusqu'à moi. On n'y pense maintenant qu'avec surprise. L'usage actuel, quoiqu'il ne soit pas celui de l'Église, est édifiant; on y est accoutumé, et il ne serait guère possible de vouloir se conformer à celui de l'Église sans s'exposer à voir bientôt revivre tout cet ancien abus. Il me paraît donc plus prudent de s'en tenir à l'usage actuel, quoiqu'il ne soit pas celui de l'Église, et de le maintenir, vu qu'il y a toujours dans les paroissiens le même génie et la même inclination à ces abus et à cette espèce de désordres.

9° Léopold, duc de Lorraine, était un de ces princes édifiants et religieux, et avait établi dans la chapelle de son palais une adoration perpétuelle la nuit du Jeudi-Saint au Vendredi, et celle du Vendredi-Saint au Samedi. Et que ne peut pas l'exemple d'un souverain sur ses sujets, soit pour le bien, soit pour le mal? *Regis ad exemplar*..... A l'imitation de ce bon prince, les gens de Maron avaient introduit une semblable dévotion. Le commencement en était beau, et le motif n'en pouvait être qu'édifiant; mais cela ne dura pas longtemps, cela se tourna dans la suite en abus, même en crimes et en désordres; dès que je fus instruit et certioré qu'il s'y en commettaient (*sic*), et même des impudicités, je fis fermer la porte de l'église dès les neuf heures; je fis sentir raison; je fis connaître qu'il était plus édifiant de ne faire une station que jusqu'à neuf heures, mais de la faire avec toute la dévotion possible, et qu'à cette heure on fermerait l'église, plutôt que de donner occasion au libertinage et à l'impiété comme du passé. Cette proposition fut reçue très favorablement, et l'usage s'en est introduit et s'est maintenu jusqu'à cette heure avec assez d'édification, sans aucun désordre, et sans que j'en aie appris aucun inconvénient; il est donc du bien public qu'un curé y tienne la main et qu'il n'en laisse dans la suite introduire aucun autre.

10° Il est d'usage et autorisé par l'évêque de faire devant le Saint-Sacrement la recommandation de l'âme avec la bénédiction et même indulgence de quarante jours, de ceux et celles qui sont de la confrérie des Morts. Mais il n'est pas nécessaire pour cela de se lever la nuit, s'ils sont à l'agonie ou s'ils meurent; il suffit de le faire le lendemain à la messe. Il est étonnant qu'une dévotion si intéressante aux mourants n'ait attiré à cette confrérie qu'un assez petit nombre de confrères; il faut qu'il y ait bien peu de dévotion dans la plupart. Les curés qui viendront après moi seront peut-être plus efficaces ; je le souhaite et je les prie d'y donner tout leur soin.

Au reste je les avertis que le pouvoir d'appliquer aux moribonds l'indulgence plénière accordée par le pape au diocèse de Toul, ne m'a pas été donné personnellement, mais au curé de Maron, qu'ainsi ils peuvent, sans une nouvelle concession, le faire aux moribonds de cette paroisse qui ont les conditions requises ; je l'ai toujours accordée aux honnêtes gens dont j'étais sûr des dispositions, mais à l'égard de ceux d'une conduite ambiguë, pour n'en pas dire davantage, j'ai exigé d'eux une confession des plus gros péchés de leur vie, et je crois qu'on est bien fondé à l'exiger dans la suite... Le génie de la plupart de cette paroisse demande qu'un curé prenne le dessus et qu'il ait de la fermeté, un grand nombre n'ayant pas beaucoup de religion, mais cependant que cette fermeté soit toujours accompagnée de prudence et de douceur, ayant pour règle cette belle maxime de saint Jean Chrysostôme (Hom. 34ᵃ) : *Quamdiu oves fuerimus, vincimus ; quod si lupi fuerimus, vincimur. Tunc enim a nobis pastoris auxilium recedit, qui non lupos, sed oves pascit.*

II. — Droits des curés[1]

Pour remplir ces trois feuilles qui restent, j'ai cru, après avoir remplis (*sic*) les précédentes d'observations utiles aux paroissiens, pouvoir en mettre quelques-unes qui puissent l'être à mes successeurs.

Au Concile de Trente, on eut grand soin de relever et de rétablir les droits des évêques trop abaissés et trop

---

[1] Notes transcrites sur les registres paroissiaux à la suite des actes de l'année 1770. Pour ne pas prolonger outre mesure cette publication, j'ai parfois résumé le texte de Couquot.

anéantis, parce qu'ils y étaient pour soutenir leur cause; les décisions de cette sainte et vénérable assemblée sont si admirables, dictées avec tant de sagesse, qu'on ne peut trouver de règles plus sages et plus prudentes. Mais on n'y eut pas le même soin pour les droits des curés, parce qu'il n'y en avait point ou presque point; les docteurs et les théologiens qui y étaient envoyés étaient tous ou des religieux ou des membres d'universités qui n'avaient aucun intérêt aux droits des paroisses; depuis, ces droits furent encore diminués par l'ignorance des curés et l'ambition de certains évêques qui, non contents de leur faire sentir une trop grande dépendance, voulaient les accoutumer à se regarder comme leurs vassaux, et poussèrent leur prétention jusqu'à vouloir les rendre amovibles et comme de simples vicaires; la proposition en fut faite à Louis XIV.

Il est juste qu'il y ait une subordination, elle est même nécessaire; il ne se trouve que trop de curés ignorants et même quelquefois déréglés, qui ont besoin d'instructions et de correction. Mais il ne faut pas pour cela que la hiérarchie soit renversée et que l'ordre établi de Dieu soit foulé aux pieds. Il a établi pour gouverner son Église des évêques; il a aussi établi des curés; l'opulence de ceux-là ne doit pas leur rendre méprisables ceux-ci. Les choses ont été quelquefois poussées à un tel excès que les Parlements ont été obligés d'y mettre des bornes; c'est ce qu'il importe à un curé de savoir, pour ne pas souffrir qu'un état qui, après celui des évêques, est le plus respectable dans l'Église, soit méprisé. Ce n'est pas vanité, c'est religion, et les évêques qui méprisent les curés n'ont pas l'esprit de leur état..... Il est donc important qu'un curé respecte et fasse respecter sa dignité.....

Les choses étaient ainsi au commencement. L'Église a toujours été gouvernée par des évêques et par des prêtres que nous appelons maintenant curés. La supériorité des évêques a toujours été respectée de ceux-ci; mais, à cela près, il n'y avait pas grande différence pour la condition entre les uns et les autres : *Qui bene præsunt presbyteri*, dit saint Paul[1] ; l'énorme différence qu'on voit actuellement ne vient que de la vanité et de l'ambition des hommes, de l'opulence des uns et de la pauvreté des autres ; car si l'état d'un évêque est respectable, parce qu'il gouverne l'Église de Dieu, celui d'un curé l'est aussi, étant chargé d'une partie de ce gouvernement, quoiqu'avec subordination à l'ordre épiscopal.

Couquot se plaint ici des usurpations commises contre les curés par les chanoines. Ceux-ci, dit-il, ont dépouillé les curés ; c'est de là que vient en partie leur opulence. Il continue en ces termes :

Il n'est pas jusqu'aux moines qui n'aient entrepris d'envahir les droits des curés. Il est étonnant qu'il y ait eu tant d'ignorance et de simplicité dans ceux-ci. Par bonheur que la jurisprudence actuelle les venge un peu de tant d'abus et de tant d'entreprises formées contre eux ; mais qui des curés s'en fait instruire, de cette jurisprudence ?

Nous avons encore de grandes obligations aux Parlements de France, sans lesquels on nous aurait réduits à rien. Il est bon de conserver le peu qui nous reste, de nous instruire de nos droits et de l'obligation où nous sommes de les défendre contre toutes entreprises, soit de la part des évêques, soit de la part des chanoines, soit de la part même des réguliers. Le détail dans lequel je vais entrer prouvera bien que ce n'est pas à tort que je le dis.

S'il est vrai qu'il est de foi qu'il y a dans l'Église une hiérarchie établie de droit divin, comme l'a défini le saint Concile de Trente, que cette hiérarchie est composée d'évêques et de curés, que cette hiérarchie consiste dans l'ordre et la subordination des curés aux évêques et des évêques au Souverain Pontife, et des uns et des autres aux saints canons ; s'il est vrai que les curés sont établis de droit di-

---

1. I Timoth., v, 17.

vin¹, comme je le prouverai ci-après contre la nouvelle doctrine contraire qu'on voudrait introduire; s'il est vrai encore que les curés ont des droits indépendants des évêques, les ayant reçus les uns de Dieu même, les autres de l'Église et des souverains, et s'il est vrai encore que si les curés sont subordonnés aux évêques, les évêques le sont aussi au Souverain Pontife et aux canons, il en résulte que l'ordonnance d'un évêque, contraire aux saints canons, ou attentatoire à ces droits des curés, est nulle et abusive; qu'un curé peut et doit même s'y opposer et lui résister : droits si inattaquables et si incontestables des curés que, si un curé est grevé, les Parlements le reçoivent et font droit sur sa demande. Qu'il y ait des évêques capables de telles entreprises, le *Traité de l'Abus*, de Fevret², en fournit des preuves, et j'ai été témoin moi-même de plusieurs semblables entreprises qui m'ont révolté, ce qui m'a obligé à m'instruire. J'ai appris par là mes devoirs, mais aussi ce qui m'est dû et quels sont mes droits et jusqu'où s'étend le pouvoir des évêques. Savoir cela et en instruire les autres, ce n'est pas être un anti-évêque, un révolté contre son évêque. Dieu m'a fait la grâce de connaître le respect et l'obéissance que je dois à mon évêque, et personne n'est plus que moi respectueux envers ses supérieurs;... mais qui dit subordination ne dit pas dans l'un dépendance servile, dans l'autre domination de maître à valet...

L'évêque ne peut rien qui soit contraire aux saints canons ou qui soit injurieux aux droits des autres : en voilà les bornes, et il est aisé à tout curé de s'en instruire; cette science des canons leur est aussi utile, pour ne pas dire nécessaire, que la théologie. Je leur conseille d'avoir Fevret, sur l'abus ; Héricourt, sur les matières ecclésiastiques³ ; *L'Institution au droit ecclésiastique*, du P. Tho-

---

1. Sur cette théorie, voir ce qui est dit ci-dessus, p. 6 et s.
2. Voir ci-dessus, p. 9.
3. Louis DE HÉRICOURT : *Lois ecclésiastiques de France*.

massin[1] et M. Fleury et son *Histoire ecclésiastique*. Qu'ils les lisent attentivement à leurs temps perdus ; ils peuvent en peu de temps et à peu de frais apprendre leurs droits et connaître les injustices qu'on y voudrait faire, et par là se mettre en état de n'en point permettre.

Sur ces principes, ne serait-ce pas attenter aux droits des curés de vouloir être autorisés à faire des renfermeries et à y confiner quand ils le jugeraient à propos les curés de leur diocèse[2] ? De vouloir les obliger à se confesser une fois l'an au doyen rural ou à l'archidiacre[3] ? De vouloir, dans leur visite, faire sortir un curé de son église et demander avec mépris à ses paroissiens : « Votre curé n'est il pas scandaleux ? N'avez-vous rien à lui reprocher[4] ? » De tels interrogats sont insultants, tendent à faire anéantir le droit des curés, le respect et la confiance qui leur est due, sont contraires aux saints canons, à l'esprit de l'Église et aux ordonnances des souverains, et marquent dans ceux qui les font qu'ils n'ont pas l'esprit de leur état. De vouloir changer à leur caprice les fondations reçues, les surcharger d'obligations ou en diminuer les revenus ? De prétendre qu'un curé ne peut, sans leur permission, recevoir en faveur de son église une fondation de messes, comme s'il n'était pas apte et suffisamment fondé à pouvoir contracter avec ses paroissiens ; ou de vouloir réduire une somme dont on a voulu gratifier son église pour des

---

[1]. Il s'agit sans doute de l'*Institution au droit ecclésiastique* de FLEURY. L'oratorien THOMASSIN a écrit le traité célèbre intitulé : *Ancienne et nouvelle discipline de l'Église en matière de bénéfices*, dont Louis de Héricourt a publié un abrégé en 1717. Il semble qu'il y ait quelque confusion dans les indications de Couquot.

[2]. Allusion au projet, formé par Mgr Drouas, de créer la maison de Vachevigne ; voir ci-dessus, p. 11.

[3]. Voir ci-dessus, p. 14.

[4]. Voir ci-dessus, p. 13.

messes à celle portée dans de prétendus statuts qui n'ont jamais été en vigueur et que les tribunaux séculiers ont toujours rejetés[1]?

De telles entreprises sont ridicules, contraires aux saints canons et à notre jurisprudence, au bon ordre et à l'esprit de l'Église, et injurieuses aux curés ; j'en omets un grand nombre d'autres ; celles-ci suffisent pour exemples.

Entrons dans la preuve, et faisons voir qu'elles sont contraires aux saints canons.

Sur le premier exemple[2]... Est-ce agir selon l'esprit de l'Église que d'agir, même pour une bonne fin, par des voies obliques ? S'il y a des prêtres déréglés, l'Église n'a-t-elle pas réglé l'ordre et la forme judiciaires ? Quelque coupables qu'ils soient, l'Église veut qu'ils ne soient pas condamnés sans être entendus ; sa délicatesse même est poussée jusqu'à vouloir, s'ils se croient grevés, qu'ils puissent appeler au métropolitain et du métropolitain *ad Apostolos*... Hincmar, archevêque de Reims, quoique grand homme d'ailleurs, sera à jamais blâmé d'avoir condamné son frère (*sic*) avec tant de rigueur et sans avoir gardé les formalités voulues[3].

Sur le deuxième, le statut fut lu au synode[4], et le plus grand nombre des curés le recevait, croyant l'évêque en

---

1. Voir ci-dessus, p. 15.

2. Il s'agit du projet d'établissement de la maison de Vachevigne.

3. Couquot fait erreur. Il s'agit sans doute ici de la condamnation prononcée par Hincmar contre son neveu Hincmar le jeune, évêque de Laon.

4. Voir ci-dessus, p. 14. Il s'agit de la prescription obligeant les curés à se confesser une fois l'an au doyen ou à un prêtre choisi par lui. Elle était conçue en ces termes :

« ... Nous leur ordonnons pareillement de se confesser une fois durant la quinzaine de Pâques ou à leur doyen, ou à un prêtre par ledit doyen choisi, qui leur tiendra lieu de propre pasteur ; à quoi, s'ils manquent de satisfaire, les doyens seront tenus de nous en certifier dans le sinode général afin de décerner

droit de faire une telle loi ; mais dès qu'on lui eut opposé la fameuse décrétale de Grégoire IX donnée seize ans après le concile de Latran, *cap. ne pro delatione, tit. de pœnitentiis et remissionibus*[1], où il est dit que le canon *utriusque sexus* ne regarde pas les curés : (Permittimus episcopis et aliis superioribus ecclesiasticis, nec non minoribus prelatis exemptis, ut etiam præter sui superioris licentiam sibi possint eligere confessorem), il fut reconnu qu'une telle loi passerait les pouvoirs d'un évêque et on le révoqua...

Sur le troisième, sous prétexte de visite, de faire sortir un curé de son église et d'y faire des interrogats aussi indécents[2], quel droit a l'évêque de dépouiller ainsi, ne fût-ce que pour un moment, un curé de l'autorité que Dieu et l'Église lui donnent sur son troupeau ? Quand même il y aurait des crimes sur le compte de ce curé, ce n'est pas en pleine assemblée des fidèles qu'on en doit faire les informations ; la pratique judiciaire ne souffre pas de tels abus. Ces interrogats généraux et injurieux sont défendus par les ordonnances ; notre ordonnance défend au juge d'interroger en matière criminelle sur autre chose que sur les faits articulés dans la procédure. Ces ordonnances des souverains sont prises des formalités et procédures ecclésiastiques. Agir de la sorte, c'est donc ou ignorer les canons, ou les mépriser, ou insulter un curé. Un curé instruit ne doit pas le souffrir ; non seulement il doit refuser de sortir, l'évêque n'a pas ce droit, mais même l'arrêter tout court et lui dire, s'il le croit coupable de quelque crime, que les canons lui ordonnent de procéder selon les règles judiciaires, et sur les réquisitions de son promoteur, sinon,

---

la peine que mérite leur désobéissance. » *Statuts publiés au sinode général de Toul le 20 avril 1678*, par l'évêque de Toul, Jacques DE FIEUX, Toul, 1678, p. 17. Cet article est inscrit textuellement dans une édition ultérieure de 1722.

1. 16, *Decretales*, V. 38.
2. Voir ci-dessus, p. 11.

qu'il se pourvoira comme d'abus devant ses juges ordinaires.

Sur le quatrième, de vouloir changer les fondations, ou les surcharger, ou en diminuer les revenus, c'est blesser le droit des fondateurs, des bénéficiers et des souverains; il y a abus en tout cela... Aussi un bénéficier n'aurait pas grand'peine de faire déclarer nuls par les Parlements des changements si contraires aux droits des bénéficiers et des fondateurs [1].

Sur le cinquième, de prétendre qu'un curé ne peut, sans la permission de son évêque, recevoir en faveur de son église une fondation de messes, c'est là une pure chimère. Un curé est très apte et très en droit de contracter de sa propre autorité en faveur de son église. Le cas est bien décidé par un arrêt de la Cour souveraine de Nancy. On a donné à mon église, moi seul acceptant, un gagnage de dix paires pour vingt-quatre services. La fondation fut fortement attaquée par les héritiers. Leur grand moyen, inspiré par ceux qui devraient soutenir les droits des curés et seraient au contraire charmés de pouvoir les anéantir, était qu'elle n'était pas en règle, n'étant pas autorisée par l'ordinaire, et que par là elle ne pouvait pas subsister longtemps. Je fis moi-même mon factum ; je leur répondis qu'il y avait dans ce moyen si péremptoire autant d'ignorance que de malice; qu'étant supérieur de mon église, j'étais en droit de contracter en sa faveur et de recevoir les biens qu'on voudrait bien lui donner; que ces biens, une fois reçus par moi, devenaient pour lors des biens ecclésiastiques, que je ne pouvais plus ni changer, ni aliéner, appartenant à l'église; que l'autorité de l'évêque n'était nécessaire, selon le concile de Trente, que lorsqu'on fondait des choses qu'on ne pouvait faire sans sa

---

1. Sur le droit qui appartient à l'autorité ecclésiastique de modérer les charges des fondations, voir ce qui a été dit ci-dessus, p. 16.

permission, comme, selon le même concile, d'exposer le Saint-Sacrement, de donner la bénédiction, de faire des processions ; mais que j'étais fort en droit, sans la permission et l'autorisation de l'évêque, de dire des messes dans mon église, de m'en charger et de recevoir pour moi et mes successeurs tel bien on voudrait pour cela lui donner. Arrêt intervint des plus favorables pour moi ; la fondation fut maintenue et le gagnage de dix paires adjugé à l'église de Maron[1]. M. le rapporteur me dit, lorsque je fus le remercier, que les juges avaient pensé comme moi que l'autorité de l'évêque n'était pas nécessaire en pareil cas... Où trouvera-t-on dans les canons qu'un curé ne puisse améliorer son bénéfice sans la permission de son évêque, comme si les curés dépendaient d'eux pour se procurer un mieux-être ?

Sur le sixième, de vouloir réduire une somme donnée pour des messes à celle portée par les statuts, ce serait ôter aux fidèles le droit qu'ils ont de faire du bien à qui ils jugent à propos, de disposer à leur gré de leurs biens ; ce serait vouloir rendre les curés inhabiles à recevoir des dons et des grâces ; ce serait fouler aux pieds les lois des souverains qui déclarent tous leurs sujets capables d'ester (*sic, sans doute pour* de tester) en faveur de qui ils jugeront à propos, à plus forte raison *cum onere* de dire quelques messes soit pour un temps, soit à perpétuité. Mais qu'on me cite un seul canon qui donne ce pouvoir aux évêques... Donc vraie usurpation de vouloir ainsi régler (*sic*) les curés en esclaves...

Tout cela se décide par ce même principe que les évêques, comme les curés, sont subordonnés aux canons, que

---

[1]. Il s'agit ici de la fondation de vingt-quatre services faite par un paroissien de Maron, Nicolas Baguelot, qui donna à l'église, à cette occasion, un gagnage sis à Sexey-aux-Forges. Ce gagnage rapportait dix paires, c'est-à-dire dix fois une paire de réseaux, l'un de blé, l'autre d'avoine. L'arrêt de la Cour souveraine est du 8 août 1769. (Voir ci-dessus, p. 15.)

toute ordonnance d'évêque contraire à ces saints canons ou aux droits des curés et des souverains est nulle et abusive, que les curés, quoique subordonnés aux évêques, ont des droits qui ne dépendent pas d'eux, ayant reçu les uns de Dieu même et les autres de l'Église et des souverains. Il reste à examiner ces premiers, savoir s'il est bien vrai que les curés soient d'institution divine.

Le concile de Trente l'a suffisamment décidé, ayant décidé qu'il était de foi que les curés et les évêques étaient de la hiérarchie, et que cette hiérarchie était établie de droit divin.

Cependant, tel est l'aveuglement des hommes quand l'esprit de domination ou d'intérêt se saisit d'eux, cette vérité si constante, non seulement on la rend douteuse, mais on la nie absolument. Un grand nombre de séminaristes actuellement prêtres m'ont assuré qu'un lazariste avait osé enseigner dans le séminaire de Toul que les curés ne sont pas de droit divin ; Collet, ce mince théologien pour lequel on a ôté dans ce même séminaire le savant et solide Habert[1], se contente de dire que c'est le sentiment de la Sorbonne que les curés sont de droit divin, comme si c'était là une matière problématique ! Qui ne voit la fin et le but de ces adulateurs et demi-théologiens ? Si les curés ne sont pas de droit divin, ils ne sont que des vicaires dépendant des évêques ; et par là très facilement

---

[1]. Sur Habert et Collet, voir ci-dessus, p. 10.

Le séminaire de Toul était dirigé par les lazaristes. Collet était un écrivain lazariste : quand sa théologie fut introduite dans les séminaires, les prêtres de tendance janséniste s'en montrèrent fort scandalisés. Par exemple, à Troyes, cent neuf curés signèrent un mémoire qui, en 1764, fut adressé à l'évêque, sous ce titre : *Dénonciation de la théologie de M⁸ Pierre Collet, prêtre de la congrégation de la Mission;* on y signale la morale corrompue qu'on impute à Collet et sa théologie remplie d'erreurs et de maximes pernicieuses (Imprimé en 1765, in-12).

destituables de leurs bénéfices, dès qu'ils viendront à broncher et à déplaire aux évêques.

Ici Couquot entreprend de démontrer que les curés sont de droit divin, en s'appuyant sur les textes et les arguments présentés ordinairement par les partisans de cette thèse. Il invoque l'Écriture sainte, la Tradition, il rappelle l'opinion de la Sorbonne, et prétend que telle est la doctrine de tous les théologiens [1].

Aussi, ajoute-t-il, je n'ai relevé cette question que parce qu'on fait tout ce qu'on peut faire pour avilir les curés et les entamer sur leurs droits, et qu'il est bon que les curés connaissent leur état et leurs droits et qu'ils les fassent respecter. Je ne prétends pas en cela leur faire diminuer en rien le respect, l'obéissance, la subordination que nous devons tous à l'ordre épiscopal; ils lui sont dus de droit divin... Aussi je puis dire que j'ai été toute ma vie très soumis à mon évêque, que j'en ai observé très fidèlement les ordonnances, les statuts, règlements et mandements, que je n'ai jamais rien eu à démêler ou à contester. Si on a des droits à défendre, il faut le faire avec prudence et modération. Tout cela est dû à ses supérieurs (*sic*); si on l'observait, on éviterait bien des difficultés et des discours peu édifiants.

Quant aux chanoines, il est sûr que les chanoines et les curés ne font qu'un seul corps, qu'un seul et même clergé, et qu'on ne trouve nulle part pas même l'ombre de distinction ou de différence; un curé peut être vicaire général et official; leur état est égal en tout; s'il y avait de la différence, elle serait en faveur des curés qui sont hiérarchiques, tandis que les chanoines ne le sont pas!

Couquot continue en faisant observer que chanoines et curés n'ont rien à démêler ensemble, si ce n'est en matière de dîmes. « Comme ceux-ci (les chanoines) sont accoutumés à grossir leurs revenus en faisant diminuer celui des curés », c'est aux curés

---

[1]. Voir ci-dessus p. 7 et s.

à mieux connaître leurs droits et à se défendre plus efficacement qu'ils ne l'ont fait jusqu'ici.

Qu'il n'y ait pas jusqu'aux moines qui les aient attaqués, ces droits des curés, c'est une vérité qui n'est que trop connue dans le droit. Les privilèges excessifs que leur ont accordés, fort mal à propos, plusieurs papes, leur ont souvent fait oublier leur état. Car les curés sont autant au-dessus des moines que les moines sont au-dessus des simples laïcs. Mais le concile de Trente a un peu remédié à tous ces abus, et depuis les choses sont rentrées dans leur cran. Les religieux mendiants leur disputaient même le droit qu'ils ont de se réserver à Pâques leurs paroissiens pour la confession, et, quoique la chose soit bien décidée, plusieurs ignorants s'efforcent encore de le persuader aux gens du monde et de faire entendre que le concile de Latran, par le propre prêtre, *proprio sacerdoti*, veut dire le confesseur ordinaire. Comme il est intéressant aux curés pour le bien des âmes de s'opposer à ces abus, il leur est facile d'en démontrer l'erreur et le danger par les conciles provinciaux qui, par le propre prêtre, enseignent qu'on doit entendre le curé, et il n'y a là-dessus aucun doute, la chose étant décidée par le droit. Il est bon de leur rappeler ici le texte même : c'est le titre IX *de treuga et pace*, lib. I, *Extravag. commun.* « Ipsi mendicantes desistant prædicare quod parrochiani non sint obligati saltem in Pascate, proprio confiteri sacerdoti; nec etiam populos a suarum ecclesiarum parrochialium frequentia et accessu abstrahant sive retrahant quoquo modo[1]. »

---

1. Décrétale de Sixte IV, *de treuga et pace*, c. 2, au livre Ier des *Extravag. commun.* — Il faut remarquer que Couquot donne un texte fort incomplet. Le texte complet donne une impression très différente de celle que laisse sa citation tronquée. En effet, entre les mots *confiteri sacerdoti* et les mots *nec etiam*, le pape ajoute : « Per hoc tamen ipsi fratres Mendicantes non censentur exclusi, quominus secundum juris communis et privilegio-

Tout cela prouve combien un curé doit s'appliquer à étudier et à connaître quels sont ses droits. Quand un curé est instruit, personne ne l'attaque, et les choses restent dans l'ordre.

Il doit même s'instruire des usages reçus et autorisés, soit dans sa paroisse, soit dans son diocèse, afin de s'y conformer. Il y en a un dans ce diocèse, qui subsiste de tout temps, qui est que les évêques ont toujours autorisé qu'un curé du diocèse puisse confesser dans tout le diocèse.

III. — Avis a mes successeurs sur certains droits assez importants[1].

Contrôle des comptes. — Pain bénit. — Banc du seigneur.

Selon l'édit de création des bailliages[2], Guise[3] et Maron sont du bailliage de Nancy pour les cas royaux et privi-

---

rum eisdem concessorum dispositionem, confessiones audire et pœnitentias injungere valeant ; quod etiam de cætero inter ipsos fratres Mendicantes et curatos, quoad effectum prædicandi, horas cantandi et campanas pulsandi, servetur consuetudo antiqua quæ temporibus antiquis servata fuit in oppido Esslingen. Et casu quo veniat aliqua occasio sive necessitas, non flat commutatio temporis vel horæ in prædicationibus fiendis, nisi de consensu partium ; quodque etiam ipsi fratres in sermonibus non detrahant prelatis et rectoribus parrochialium ecclesiarum. » On ne peut s'empêcher de constater que, par ces citations incomplètes, Couquot donne une idée fort inexacte du sens de la bulle rendue par Sixte IV pour apaiser le conflit qui s'était élevé en Allemagne, et qui était particulièrement vif dans la ville d'Esslingen, au diocèse de Constance.

1. Cette note est à la suite du registre de 1772.
2. Il s'agit de l'édit qui a réformé l'organisation judiciaire en 1751.
3. Sur les circonstances qui firent que le même village s'appela successivement, au xviiie siècle, Acraignes (qui était le vieux nom), Guise et Frolois, voir ci-dessus, pp. 31-32.

légiés ; ainsi le curé de Maron, pour lui et pour son église, ne doit reconnaître en rien la justice de Guise, maintenant Frolois; cette affaire est bien décidée. Le prévôt Félix[1] et le procureur d'office Henriquel s'avisèrent, il y a quelques années, d'ordonner au fabricien de Guise de rendre compte de la recette des confréries et de la fabrique devant eux. Le curé les fit assigner au bailliage de Nancy en désistement d'une entreprise si injurieuse comme incompétents, et ils y furent condamnés. Ainsi, le curé de Maron ne doit pas souffrir qu'ils s'attribuent aucune juridiction ni sur lui ni sur les affaires de son église.

Le pain bénit doit être porté d'abord au chœur; ensuite, s'il y avait ici un seigneur résidant et qu'il fût dans son banc qui est le premier à droite dans la nef, à ce seigneur, et aux autres habitants; voilà la règle et l'usage de cette paroisse. Un brouillon de ma paroisse eut l'orgueil et l'insolence de prétendre que le pain bénit devait être porté au maire le premier, et le juge, nommé Morot, fut assez ignorant pour l'ordonner dans ses plaids annaux[2]. Je leur ris au nez et j'ai fait continuer selon l'usage que j'ai maintenu. 1° Le juge était incompétent, cela n'est pas de son ressort, comme je l'ai fait voir dans le premier article ci-dessus ; 2° le droit de pain bénit est un droit honorifique et, par conséquent, personnel. Il n'est donc dû qu'au

---

1. Félix était prévôt de la justice seigneuriale de Guise-Frolois dans les derniers temps de l'ancien régime. — En France, les comptes de fabrique étaient rendus à l'évêque au cours de sa visite, en présence des officiers de justice, du curé et des principaux habitants, ou, en dehors de la visite, aux officiers de justice, curé et habitants, sauf à être ensuite présentés à l'évêque (DE HÉRICOURT, *Lois ecclésiastiques*, éd. 1748, II, p. 244). Ce que Couquot réclame ici, c'est de n'avoir affaire qu'au bailliage de Nancy et non au prévôt de Frolois.

2. Il s'agit du juge de la justice seigneuriale de Guise-Frolois. Sur le pain bénit, voir Louis DE HÉRICOURT, *Lois. ecclésiastiques* (éd. de 1748), II, p. 104.

seigneur[1], encore faut-il qu'il soit dans son banc, et cela après que le pain bénit aura été présenté dans le chœur à ceux qui représentent le clergé, comme le maître d'école, les servants, le marguillier. J'ai consulté des plus célèbres avocats qui ont pensé de même.

Cette entreprise ainsi recoignée (*sic*), pour s'en venger ils voulaient entreprendre une autre chicane, mais ils n'ont osé aller plus loin. Comme ils pourraient dans la suite la reprendre, il est bon que mes successeurs soient instruits sur cette matière. Quand notre église fut achevée[2], il fut question des bancs. Les seigneurs, soit M. d'Hoffelize, soit le prince de Guise[3], n'ayant jamais vu Maron, n'y ont jamais eu de banc dans l'église; ils n'étaient pas de ces petits seigneurs qui s'amusent à se faire des droits. Cependant les officiers du seigneur actuel, M. le comte de Ludre, s'ajustèrent là-dessus avec les maire, syndic et autres; et le premier banc à droite dans la nef fut reconnu être le banc du seigneur; ces officiers[4] s'y plaçaient quand ils venaient ici, s'en mirent ainsi en possession, et, à leur

---

1. MARESCHAL, dans son *Traité des droits honorifiques des seigneurs dans les églises* (éd. de 1724, I, p. 239), où est indiqué l'usage suivi en France, dit que les officiers gradués du seigneur ont droit à ce que le pain bénit leur soit apporté en premier lieu. Ce n'était pas le cas du maire de Maron; il ne pouvait réclamer ce droit, comme les officiers non gradués, que le jour de la fête patronale. Mareschal ne fait aucune mention du fermier seigneurial.

2. En 1761. Voir ci-dessus, p. 42.

3. La seigneurie de Maron avait d'abord appartenu aux Beauffremont, puis aux Lenoncourt, enfin aux d'Hoffelize. Elle fut acquise des d'Hoffelize par Anne-Joseph de Lorraine, comte d'Harcourt, qui, par la grâce de Léopold, fut fait comte de Guise. Après la mort du comte de Guise (on l'appelait prince), Maron comme Guise fut acquis par le comte de Ludre, marquis de Frolois.

4. Il s'agit évidemment des officiers de la justice seigneuriale du marquis de Frolois, dont relevait Maron; le siège de cette justice était à Frolois.

absence, ils le destinèrent pour le fermier et le maire comme étant les gens du seigneur. Que ce banc soit le banc du seigneur, la chose est bien décidée maintenant. En 1762, Jacques Petitdidier, maire de Maron, et Joseph-Jacques Trotot, fermier (voici une preuve de la vanité des paysans) se plaidèrent (*sic*) à Guise même, maintenant Frolois, pour savoir qui des deux aurait la première place dans le banc du seigneur en l'église de Maron. La sentence de ce tribunal porte que le maire aura la première place et le fermier la seconde. Il est donc bien reconnu que ce premier banc est le banc du seigneur. Ainsi, n'ayant jamais eu de place dans le chœur et ayant son banc dans la première place de la nef, le seigneur ne peut prétendre avoir droit de se faire un banc ou une place dans le chœur. Ce droit tout abusif n'est accordé qu'aux seigneurs patrons de la cure et à ceux qui, par la possession, l'auraient prescrit[1]. Ainsi, un curé doit soutenir fortement les droits de son église contre toute entreprise qu'on pourrait intenter touchant ces trois objets.

---

1. Voir sur ce point DE HÉRICOURT, dans ses *Lois ecclésiastiques* (édit. de 1748, II, p. 133 et s.). Dans le traité des *Droits honorifiques des seigneurs dans les églises*, par MARESCHAL (édit. de 1724, I, titre XX, p. 229), on reconnaît au seul patron le droit d'avoir un banc dans le chœur. On ajoute qu'à défaut du patron les hauts justiciers ont acquis ce droit par un « usage universel », pourvu que le service divin n'en fût point incommodé. A Maron, l'usage était contraire aux prétentions des hauts justiciers.

www.ingramcontent.com/pod-product-compliance
Lightning Source LLC
LaVergne TN
LVHW050557090426
835512LV00008B/1204